VERACHTET MIR DIE MEISTER NICHT

Das Handwerk auf der Opernbühne

Heiko Schon

Verlagsanstalt Handwerk GmbH
Düsseldorf

Schon
Verachtet mir die Meister nicht
Das Handwerk auf der Opernbühne
1. Auflage 2014

Umschlagkarikatur: Walter Hanel, Bergisch Gladbach
Lektorat: Nicole Mechtenberg

ISBN 978-3-86950-299-1
ISBN für Individualausgabe mit Ledereinsatz und
Goldprägung   978-3-86950-300-4

Verlagsanstalt Handwerk GmbH
Auf'm Tetelberg 7, 40221 Düsseldorf
Tel.: 0211 / 390 98-0, Fax: -33
www.verlagsanstalt-handwerk.de

Geleitwort

„Verachtet mir die Meister nicht – und ehrt mir ihre Kunst!" Das lässt Richard Wagner in den Meistersingern, der großen Handwerkeroper schlechthin, in der Schluss-Szene seinen Schuster Hans Sachs singen. Das Zitat ist vielen geläufig und hat in den Organisationen des Handwerks schon mehr als eine Festrede geziert.

Aber ist bekannt, wer sonst noch auf der Bühne steht? Zahllose Barbiere und Tischler, Schlosser und Näherinnen bevölkern das Geschehen vieler Opern – oft mit wunderbaren Rollen.

Aber keine Infos zum Thema – ein Autor musste her, der das im Auftrag des Verlags recherchiert und aufschreibt. Und was haben wir mit dem Berliner Kritiker Heiko Schon da nicht für ein Talent aufgetan! Nicht nur die schiere Menge an Figuren und Werken, die er teils jahrzehntelangem Dämmerschlaf in Archiven entrissen hat, macht selbst den erfahrenen Musikfreund vor Staunen stumm. Vor allem die leichte Hand, mit der er seine Abrisse der Stücke formuliert und uns die Protagonisten vorstellt, führt zu höchstem Lesevergnügen. Auch der Nichtopernfan wird sich richtig schön festlesen und dabei bestens amüsieren.

Fazit: Verachtet mir die Meistersinger nicht – aber es gibt in der Musik so viele mehr, die es verdienen, fortan genüsslich zitiert zu werden …

Hans Jürgen Below　　　　　　　　　　　　September 2014

Inhaltsverzeichnis

Geleitwort 3
Prolog: Auf denn! Ans Werk! 9
Ouvertüre: Hans Sachs und
Die Meistersinger von Nürnberg 11

Nahrungsmittel
Wes Herd dies auch sei, hier muss ich backen –
Bäcker/Konditoren 17
Der Bräutigam, der braut – Brauer/Mälzer 22
Wenn's um die Wurst geht –
Fleischer/Metzger/Schlachter 27
Romantik in Moll – Müller 31

Schönheit
Kennen Sie Schnipp-Schnapp? –
Barbiere/Friseure/Perückenmacher 36
Der Tod hat viele Gesichter – Maskenbildner 43

Haus und Haushalt
Auf wolkigen Höh'n – Dachdecker 46
Um Krach zu schlagen, braucht man Ruhe –
Klempner/Installateure 48
Gib mir die Farben! – Maler/Lackierer/Tapezierer . . . 50
Das bisschen Haushalt –
Wäscher/Textil- und Gebäudereiniger 56
Schall und Rauch – Schornsteinfeger 61

Glas, Kunst und Fingerspitzengefühl
Ein Ring, sie zu knechten –
Gold- und Silberschmiede 66

Tarata-Ting, Tarata-Tong – Uhrmacher 70

Im Blitzlichtgewitter – Fotografen 75

Antonios hohes „E" –
Geigenbauer / Instrumentenmacher 78

Spieglein, Spieglein –
Glaser / Glasmacher / Glasbläser / Glasapparatebauer . . . 82

Es werde Licht! – Elektro- und Bühnentechniker 86

Holz

Wein, Weib und Gesang –
Böttcher / Fassbinder / Weinküfer 89

Der Tanz der Puppen –
Drechsler / Holzspielzeugmacher 94

Macht dem Theater Beine! –
Schreiner / Tischler / Bestatter 99

Greifet an und rührt die Hände –
Zimmerer / Boots- und Schiffbauer 104

Leopold, fahr schon mal den Wagen vor! –
Wagner / Holzreifen- und Stellmacher 108

Einfaltspinsel gewinnt flotten Feger –
Besenbinder / Bürsten- und Pinselmacher 110

Husch, husch ins Körbchen –
Flechtwerkgestalter / Korbmacher 115

Metall

Was machst du denn da? Nimm doch die Löte! –
Kupferschmiede / Kesselmacher / Kesselflicker 117

Probeschüsse, Probenschlüsse –
Büchsenmacher / Waffenschmiede /
Schneidwerkzeugmechaniker 119

Von ganzen Kerlen und ihren Maschinen –
Mechaniker / Maschinisten 124

Ach du heiliger Bimbam! –
Metall-, Glockengießer und Metallbildhauer 129
Ein Helde naht – Metallbauer / Schmiede 133
Heute Abend: Geschlossene Gesellschaft! – Schlosser . . . 138

Stein und Erde
Zwischen den Fugen – Maurer / Betonbauer 142
Am Anfang war der Ton –
Ofensetzer / Keramiker / Töpfer 146
Mit den eigenen Händen –
Steinmetzen / Steinbildhauer 150
Heiße Kohlen, kalte Herzen – Köhler 154

Textilien und Leder
Auf den Pelz gerückt –
Kürschner / Gerber / Färber 159
Schusterjungen küssen besser –
Schuster / Schuhmacher 164
Verknopft und zugenäht –
Damen- und Herrenschneider 170
Niemals wieder oben ohne –
Modisten / Putz- und Hutmacher 176
Nadel verpflichtet! – Näher / Sticker / Stricker 181
Spinne, Schwester, und singe! –
Spinner / Weber / Wirker / Tuchmacher 187

Register
Opern 192
Personen 212

Prolog: Auf denn! Ans Werk!

Die Oper erblickte das Licht dieser Welt im Land, wo die Zitronen blühen – im sonnigen Italien. Ihr deutscher Name leitet sich daher aus dem italienischen „opera" ab, dem Plural des lateinischen „opus", und bedeutet so viel wie Arbeit oder Werk. Allein schon die Bezeichnung stellt also eine erste Verbindung zum Handwerk, zum Gewerk her. Denn was steckt vor allem hinter der Aufführung eines musikalischen Bühnenspektakels, wenn nicht harte Arbeit? Kein Opernhaus würde ohne Maurer, Zimmerer und Dachdecker stehen. Und gäbe es keine Instrumentenmacher, keine Geigenbauer – das Orchester hätte nichts, worauf es spielen könnte. Wer würde die Kostüme schneidern, sie stricken und besticken, sie fertig nähen und wieder ändern? Wer würde all die Schuhe, Hüte und Perücken machen? Wie kämen die Kulissen ohne Tischler zustande? Wie würden Bühnenbild, Schnürboden und Drehscheibe in Bewegung bleiben? Die Wahrheit ist: Ohne das Handwerk wäre die Oper aufgeschmissen! Weil sie Theater, Musik und Gesang miteinander verschmelzen lässt, erfordert und integriert keine andere Kunstform so viele Handwerksberufe wie die Oper. Das Handwerk ist fest verankert in der Organisationsstruktur eines jeden Opernhauses. Viele Komponisten sind sich dessen bewusst gewesen und haben Handwerker in Märchen- und Spielopern, Singspielen und großen Musikdramen verewigt. Dieses Buch möchte die Bühne für alle jene frei machen, die sonst nur immer dafür sorgen, dass sie sich letztlich dreht: Vorhang auf für die Handwerker!

Heiko Schon

Ouvertüre: Hans Sachs und
Die Meistersinger von Nürnberg

Die handwerkerlastigste Oper von allen ist *Die Meistersinger von Nürnberg*. Hätte es den Zentralverband des Deutschen Handwerks um 1860 schon gegeben – man müsste vermuten, dass Richard Wagner hier eine ZDH-Auftragskomposition verfasst und komponiert hat. Das viereinhalbstündige Werk bietet so viele Handwerker und Gewerke auf, dass ich sie über viele einzelne Kapitel hätte verteilen müssen. Das wäre schade gewesen. Also beginnen wir mit den Meistersingern und ihrem Schuster Hans Sachs – und ihren Vorläufern – gewissermaßen als Ouvertüre.

Um die Mitte des 16. Jahrhunderts war Nürnberg mit rund 30.000 Einwohnern die drittgrößte Stadt Deutschlands, ein florierender Handelsplatz in strategisch günstiger Lage. Erstaunlicherweise waren im historischen Nürnberg die Handwerker nicht in Zünften organisiert. Es existierte jedoch die Zunft der Meistersinger, welcher überwiegend Handwerksmeister angehörten. Das muss man sich aus heutiger Sicht mal vorstellen: Da trafen sich Goldschmiede, Bäcker und Büchsenmacher – also gestandene Männer – nach einem harten Arbeitstag, um selbst geschriebene Gesänge vorzutragen. Die wohlverdienten Feierabende wurden folglich der Kunst geopfert, indem man gemeinsam Texte dichtete und Melodien hinzu erfand. Und apropos verdienen: Für Geld haben Meistersinger vermutlich nie geschrieben oder gesungen. Daher übten sie immer brav ihre Handwerksberufe aus. Der Meistergesang, der aus dem Minnegesang hervorging, gehorchte strengen

Regeln. Über diese wachte zum damaligen Zeitpunkt der Schuhmachermeister, Spruchdichter und Dramatiker Hans Sachs. Er war glühender Verfechter der Reformation und verbreitete in vielen seiner Gedichte die Lehren Martin Luthers. Insgesamt verbucht sein künstlerisches Konto mehr als 6.000 Werke, wobei die Fastnachtsspiele als die gelungensten gelten.

Es mag purer Zufall sein, dass Deutschland und seine Theaterhäuser gerade jetzt einen ihrer ganz großen Komponisten wiederentdecken – Albert Lortzing. Wo lange Zeit die Nase gerümpft wurde über vermeintlich flache Handlungen, da stößt man neuerdings auf die Spielopern Lortzings im Programm. Nicht nur *Zar und Zimmermann* und *Der Wildschütz*, sondern eben auch *Die Opernprobe*, *Der Waffenschmied*, die Zauberoper *Undine* und das Revolutionswerk *Regina*. Dass Lortzing durchaus satirische Qualitäten besitzt, die niemals aus der Mode kommen, beweist uns seine Version von *Hans Sachs*. In dieser muss das Volk erst eine höhere Instanz anrufen, um zwei klüngelnden Kommunalpolitikern das Handwerk zu legen. Zu Beginn der Oper findet der Lehrling Georg beim Aufräumen der Schusterwerkstatt ein Liebesgedicht von Sachs und steckt es ein, um es später seiner Freundin Kordula als Eigenkreation vorzutragen. Mit dem Augsburger Ratsherrn Eoban Hesse erscheint der letzte Kunde, der einen kaputten Schuh zur Reparatur vorbeibringt. Während Sachs den Auftrag annimmt, spuckt Hesse große Töne, er sei mit dem Fräulein Kunigunde von gegenüber verlobt. Das trifft den Schuster bis ins Mark, da er viel für die Tochter des Goldschmiedemeisters Steffen empfindet. In einem nachfolgenden Gespräch zwischen Sachs und Kunigunde stellt sich aber heraus, dass die Heirat mit dem Augsburger noch nicht in trockenen Tüchern ist. Kunigunde

OUVERTÜRE

verlangt von ihrem Vater, das von ihm initiierte Zweckbündnis zu lösen. Doch da Steffen nebenbei auch der Bürgermeister von Nürnberg ist, möchte er es sich nicht mit einem Kollegen aus der Regierung verscherzen. Selbst als die Nürnberger beim Wettsingen um Kunigunde den Schuster in der klaren Favoritenrolle sehen, setzt Steffen sein Eigeninteresse durch und kürt Hesse zum Sieger. Der am Boden zerstörte Sachs packt daraufhin die Umzugskartons und will Nürnberg verlassen. Derweil singt Georg seiner geliebten Kordula das Fundstück vor. Diese erkennt sofort, dass das Lied von Sachs ist, woraufhin Georg es wieder wegwirft. Das Blatt wird von zwei Bogenschützen aufgelesen, die es dem Kaiser Maximilian überbringen. Der Monarch liest die Verse mit Begeisterung und will nun deren Autor ausfindig machen. Hesse, der sicherheitshalber dafür gesorgt hat, dass Sachs sein Bürgerrecht verliert und aus Nürnberg verbannt wird, erklärt sich gegenüber des Kaisers zum Schreiber des Stücks, fliegt jedoch rasch als Schwindler auf. Nun ist er es, den man ins Exil schickt. Hans Sachs erlangt sein Bürgerrecht zurück und darf endlich Kunigunde über die Schwelle tragen. Der Kaiser genießt den Jubelchor seines Volkes, dann fällt der Vorhang.

1829 sieht Richard Wagner das Schauspiel *Hans Sachs* von Johann Ludwig Deinhardstein in Leipzig, 1842 die Oper Lortzings in Dresden. Nach einem ersten Prosa-Entwurf fällt 1861 der Entschluss, *Die Meistersinger von Nürnberg* zu komponieren. Wagner wählt für seine Handlung einen anderen Ausgangspunkt. Hier beschließt der reiche Goldschmied Veit Pogner, dem Gewinner des Sängerwettstreits sein größtes Schmuckstück zu vermachen – die eigene Tochter. Eva hätte theoretisch ein Veto-Recht, müsste dann aber auf immer ledig bleiben. Da naht der Ritter Walther von Stolzing. Dieser kam, sah, verliebte sich und wollte eigentlich nur siegen. Doch dafür muss er erstmal singen. Wie das in der Welt der Meistersinger funktioniert, erklärt ihm der Lehrbube David in ziemlich wirrem Kuddelmuddel. Prompt vergeigt Stolzing das anschließend stattfindende Vorsingen. Vor allem dem Stadtschreiber Sixtus Beckmesser stößt der allzu lasche Umgang mit den Regeln sauer auf, auch, weil er selbst ein Auge auf Eva geworfen hat. Er erkennt in Stolzing den Rivalen und nutzt seine Position als „Merker", eine Art Chefjuror, um ihn auszubooten. Alle anderen Meistersinger bestätigen Beckmessers (Vor)Urteil – mit Ausnahme des Schusters. Doch Hans Sachs kann mit seiner flammend vorgetragenen Gegenrede das Ruder nicht mehr herumreißen: Walther von Stolzing hat „versungen und vertan".

Im zweiten Akt klemmt sich Beckmesser seine Laute – laut Wagner eine „Stahlharfe" – unter den Arm und marschiert zum Haus der Pogners, welches genau gegenüber der Schusterstube steht. Er stellt sich unter das Fenster von Eva, um quasi vorher zu testen, wie sein Werbelied bei ihr ankommt. Doch diese wurde rechtzeitig gewarnt und hat ihre Amme Magdalene am Fenster postiert. Sachs, der auch für die junge, hübsche Eva schwärmt, sich aber zu alt findet, nutzt die laue Sommernacht, um Beckmessers Schuhe zu reparieren. Weil der Krach wiederum Beckmesser stört, schlägt Sachs vor, nur bei einem gesanglichen Regelverstoß mit dem Hammer auf dem Leisten zu hauen. Beckmesser stimmt dem zähneknirschend zu und beginnt sein Ständchen. Während Sachs so viel auszusetzen hat, dass er halb Nürnberg aus dem Schlaf hämmert, kräht Beckmesser die falsche Eva immer lauter an. Nach und nach kommen die verärgerten Bewohner aus ihren Häusern und gehen

OUVERTÜRE

wie wild geworden aufeinander los. Die fetteste Tracht Prügel bekommt Beckmesser verpasst, da David vermutet, der Stadtschreiber würde seiner Freundin Magdalene nachstellen.

Am nächsten Morgen erzählt Stolzing dem Schuster, dass er letzte Nacht vom eigenen Garten geträumt habe, der so leuchtend rosig war wie die nackte Dame mittendrin – „Eva im Paradies!" Sachs merkt sofort, dass dieser Kitsch das Zeug zum Hit hat, und bringt ihn zu Papier. Danach verlassen beide die Schreibstube, um sich für die Festwiese die Schuhe zu putzen. Kaum dass sie weg sind, schaut Beckmesser vorbei, dem man die Blessuren der gestrigen Klopperei noch deutlich ansieht. Er findet das frisch hingekritzelte Meisterlied und glaubt nun, den alten Sachs als Bewerber ertappt zu haben. Beim Versuch, das Blatt heimlich einzusacken, wird Beckmesser von Sachs erwischt. Doch dieser fordert es nicht zurück, sondern schenkt ihm das Lied und verspricht zudem hoch und heilig, selbst nicht als Kandidat anzutreten. Im festen Glauben, damit schon jetzt gewonnen zu haben, geht Beckmesser triumphierend ab.

Der Reihe nach tauchen Eva, Stolzing, Magdalene und David bei Sachs auf, um sich mit einem tollen Quintett auf das Rambazamba der Festwiese einzustimmen. Nun folgt eine musikalische Verwandlung – und dann ist es endlich soweit: Zu Wagners wahrlich mitreißender Komposition feiern die Nürnberger den Aufmarsch ihrer Schuster, Schneider, Bäcker und Meistersinger. Beim Wettsingen blamiert sich Beckmesser bis auf die Knochen, weil er den Text nicht richtig lesen konnte, ihn auch inhaltlich nicht kapiert hat. Der Stadtschreiber verlässt gedemütigt die Bühne, die nun für Stolzing frei wird. Mit „Morgendlich leuchtend" landet der Ritter einen Volltreffer und erhält dadurch Eva sowie die Meistersingerwürde. Letztere schlägt er zunächst aus, nimmt sie aber nach einer Belehrung von Sachs („Verachtet mir die Meister nicht") dann doch an. Im allgemeinen Jubel zu Ehren von „Nürnbergs teurem Sachs!" fällt der Vorhang.

Wagner hat sich mit dem Schuster derart identifiziert, dass er später sogar einige seiner Briefe mit „Sachs" unterschrieb. Und die Besetzungsliste seiner Meistersinger liest sich wie der Vorstand einer süddeutschen Handwerkskammer: Goldschmied Veit Pogner, Kürschner Kunz Vogelgesang, Spengler Konrad Nachtigall, Bäcker Fritz Kothner, Zinngießer Balthasar Zorn, Schneider Augustin Moser, Kupferschmied Hans Foltz, und natürlich Schuhmachermeister Hans Sachs.

Hans Sachs auch hier:

Hans Sachs im vorgerückten Alter, romantisch-komisches Singspiel von A. Gyrowetz
Das heiße Eisen, komische Oper von W. Wehrli, nach einem von H. Sachs verfassten Libretto

Wes Herd dies auch sei, hier muss ich backen
Bäcker und Konditoren

An einer Bühnenrampe trifft man wiederholt auf Männer in Frauenkleidern oder auf Frauen, die aussehen wie Männer in Frauenkleidern. William Shakespeare beispielsweise setzte immer gern Jungs für seine Mädchen ein. In der Oper gibt es die sogenannten Hosenrollen, was insbesondere darauf hinweist, dass hier eine Frau die Hosen anhat. Viele Handwerksberufe gelten noch immer als klassische Männerbastionen. Doch die Damen unserer Gesellschaft befinden sich auf dem Vormarsch. Mittlerweile sind ein Viertel aller Bäckerlehrlinge weiblich. Die Konditorin überholte ihren männlichen Kollegen vor ca. 30 Jahren und kommt heute auf eine Quote von etwa 70 Prozent.

*

Freilich konnten das weder die Gebrüder Grimm noch Engelbert Humperdinck erahnen, als sie *Hänsel und Gretel* in die Privatbäckerei der alten Knusperhexe schickten. Der Inhaber stellt sich zwar als Rosina Leckermaul vor, dennoch kommen hier alle ins Grübeln: Ob Mann, ob Frau, man weiß es nicht genau. Der Komponist lässt für diese Partie, angefangen vom Spieltenor über Tenorbuffo, Charakter- und Mezzosopran bis hin zu Dramatischem Alt, jede nur erdenkliche Stimmlage zu. Nur ein Bass kommt wohl offensichtlich nicht in Frage. Zurück in den Wald: Hänsel und Gretel sind in beschränkt geschäftsfähigem Alter, können allerdings bei Rosina nichts erwerben, da es von Mami und Papi mal wieder kein Taschengeld gab. Da aber die Auslage gar zu köstlich aussieht, begehen die beiden Ladendiebstahl. Rosina setzt die frechen Gören fest, wird jedoch noch vor dem Eintreffen der Polizei von Gretel überrumpelt und landet im eigenen Backofen. Kein Wunder also, dass sich diese Oper vor allem bei Kindern und der Deutschen Rentenversicherung äußerster Beliebtheit erfreut.

*

Auch in Nikolai Andrejewitsch Rimski-Korsakows *Das Märchen vom Zaren Saltan* wird der Bäckerin übel mitgespielt. Obwohl die Oper mit dem *Hummelflug* einen echten Ohrwurm enthält, taucht sie nur höchst selten in den Programmplänen deutscher Theater auf. Am Anfang der Geschichte versauern drei Schwestern irgendwo in der russischen Pampa und betreiben Handarbeit. Währenddessen gehen sie gemeinsam der Frage nach, was jede einzelne von ihnen täte, wenn sie der Zar zur Frau nehmen würde. Wie es der Zufall will, ist dieser gerade in der Gegend. Er bleibt am Häuschen stehen und lauscht am offenstehenden Fenster. Die Älteste würde im Akkord backen und ein großes Fest ausrichten, die Mittlere das Vermögen ihres Gatten durch Handgewebtes mehren und die Jüngste ein Kind gebären. Zar Saltan reibt sich die Hände, marschiert in die Hütte, entscheidet sich für die Schwester mit der größten Oberweite (die Jüngste) und befiehlt allen, ihm auf sein Schloss zu folgen. Drei Jahre später bringt die Zarin einen blondgelockten, rotbäckigen Wonnepoppen zur Welt. Saltan konnte bei der Geburt nicht dabei sein, weil er in den Krieg ziehen musste. Also schickt man einen Boten, der ihm die freudige Nachricht überbringt. Die Antwort des Zaren wird von den stutenbissigen Schwestern abgefangen und dahingehend verändert, dass sich Mutter und Sohn in einer Tonne durch die

Niagarafälle treiben lassen sollen. Gesagt, getan: Nach einer anstrengenden und auch viel zu langen Reise klettert der bereits erwachsene Zarensohn aus der Tonne und trifft auf einen Schwan. Natürlich keinen echten: Aus *Schwanensee* und *Lohengrin* wissen wir, dass immer ein Mensch unter den weißen Federn steckt. Bei diesem Vöglein handelt es sich um eine Prinzessin, die den jungen Zarewitsch sogleich in ein Hummelkostüm zwängt. Begleitet von den Klängen des berühmten Konzertstücks saust die Hummel zum Zarenhof und sticht dort der Bäckerin ins linke sowie der Weberin ins rechte Auge. Bevor jetzt noch weitere Handwerkerinnen zu Schaden kommen, springen wir lieber direkt bis ans – glückliche – Ende: Das wiedervereinigte Zarenpaar kann die Hochzeit von Zarewitsch und Schwanenprinzessin bekanntgeben, zu der die älteste Schwester als kleine Wiedergutmachung eine mehrstöckige Marzipantorte backt.

*

Ein heißer Ofen soll ja schon so manchen kaltgemacht haben. Nein, nein, keine Angst, in *Feuersnot* von Richard Strauss passieren keine Arbeitsunfälle mit Todesfolge. Vielmehr ist hier vom heißen Ofen Diemut die Rede, die den armen Kunrad erst anheizt, dann aber wieder auf Sparflamme runterdreht. Die Geschichte spielt in den Jahren, als die Mieten in der Münchner Innenstadt noch bezahlbar waren, also zu „fabelhafter Unzeit". Eigentlich meidet Kunrad den Trubel am Sendlinger Tor. Doch weil dort heute Abend die Sonnenwendfeier steigt, springt der passionierte Stubenhocker über seinen Schatten und geht vor die Tür. Er trifft auf Diemut, die gerade frische Brezeln von Bäcker Kunz Gilgenstock verteilt. Kunrad fackelt nicht lange und gibt der Dame einen Kuss, wovon sich diese ebenso empört zeigt wie die doppelmoralische Bagage drumherum. Später lockt Diemut den Bariton mit flötendem Sopran an ihr Fenster. Aber als Kunrad mit dem Außenaufzug zu ihr hochfahren möchte, unterbricht sie die Stromzufuhr, wodurch er – zum Gespött der Leute – auf halber Strecke steckenbleibt. Doch den Schaden haben nun alle, denn plötzlich ist es in der ganzen Stadt stockfinster. Dieses Malheur kommt Kunrad wie gerufen. Endlich kann er seinen spießigen Mitbürgern gehörig die Meinung geigen. Im Anschluss bietet Kunrad bei der Beseitigung des Problems seine Hilfe an, jedoch nur, wenn ihm Diemut eine Chance gibt. Der Bäcker und andere Anwohner reden nun auf das Mädchen ein, sich doch nicht so anzustellen. Diemut rollt mit den Augen, befreit Kunrad aus dem Aufzug und lässt ihn in ihr Schlafzimmer. Eine Stunde später brennt wieder überall das Licht.

Diese Gewerke auch hier:

Ein Bäcker in *Experimentum mundi* von G. Battistelli
Stäuber, Bäckermeister, in *Ein alter Handwerksbursche* von C. Binder
Ein Bäcker in *Ulenspiegel* von W. Braunfels
Der Hostienbäcker in *Der Rattenfänger* von F. Cerha
Der Bäcker in *Die Verurteilung des Lukullus* von P. Dessau
Madame, eine Bäckerin, in *Döbeln* von S. Fagerlund
Der Bäcker in *Die Jagd nach dem Schlarg* von W. Hiller
Danilowitz, Zuckerbäcker, in *Der Nordstern* von G. Meyerbeer
Scherlin, ein Bäckergeselle, in *Herrn Dürers Bild oder Madonna am Wiesenzaun* von J. Mraczek
Noffo, Bäcker, in *Der Silberschuh* von I. Pizzetti

Ahmad, der Kuchenbäcker, in *Maruf, der Schuster von Kairo* von H. Rabaud
Der Bäcker in *Schwarzer Peter* von N. Schultze
Eine Bäckerin und *Ein Bäcker* in *Eli* von W. Steffens
Zwei Bäckereiangestellte in *Der Pfarrer von Reigi* von E. Tubin
Fritz Kothner, Bäcker, in *Die Meistersinger von Nürnberg* von R. Wagner
Muchtada, der beste Bäcker Bagdads, in *Die gestohlenen Gerüche* von S. Wills
Orsola, Bäckerin, in *Das Plätzchen* von E. Wolf-Ferrari

Hinter der Bühne:

In den letzten Jahren seines Lebens wohnte der Komponist Anton Schweitzer über einer Backstube. Als er verstarb und keine Nachkommen hinterließ, verwendete der Bäcker die meisten Manuskripte zum Anheizen seines Backofens. Um ein Haar wäre auch Schweitzers Oper *Rosamunde* den Flammen zum Opfer gefallen.

Der Bräutigam, der braut
Brauer und Mälzer

Ein kühles Blondes hilft aus jeder Not, zumindest theoretisch. Als im Winter 1823 das Münchner Opernhaus in Flammen aufging, ließ König Max I. die Vorräte des Hofbräuhauses beschlagnahmen, da alle Teiche zugefroren waren. Doch die herangerollten Fässer konnten das Feuer nicht mehr aufhalten. Die ohnehin verärgerten Biertrinker wurden prompt für den Wiederaufbau zur Kasse gebeten – mit einer Steuer auf jede einzelne Maß. Vermutlich hieß es ab dann: „Oje zapft is!". Das Bayreuther Festspielhaus hatte da mehr Glück. Laut einer These sollen es die Alliierten im Zweiten Weltkrieg für eine Brauerei gehalten und deshalb nicht bombardiert haben. Hartnäckig hält sich auch das Gerücht, dass im Keller der Semperoper Dresden eine Bierbrauerei untergebracht sei. Glauben Sie doch bitte nicht alles, was einem die Werbung weismachen möchte! Richtig ist, dass zwischen Brauerei und Opernhaus eine Partnerschaft existiert. Und selbstverständlich können Sie die Pause nutzen, um Ihren Durst mit dem „Tafelgetränk seiner Majestät des Königs Friedrich August III. von Sachsen" zu löschen.

*

Eine parodistische Form des musikalischen Bühnenstücks ist die sogenannte Bieroper. Bei diesen Aufführungen werden bekannte Opern und ihre Melodien durch den Gerstensaft gezogen, es geht mehr um Bier- als um Operngläser, Wirts- statt *Tannhäuser*. Ausgedacht haben sich das Studenten im 18. Jahrhundert, was wiederum zeigt, dass das Studentenleben schon immer ein feuchtfröhliches war. In den Bieropern geht es aber nicht um subtile Komik. Vielmehr werden in bierernstem Spiel völlig lächerliche Vorgänge dargestellt, wobei die Einmischung des Publikums ausdrücklich erwünscht ist. Dazu noch ein improvisationstalentierter Bieranist wie Paul Kuhn – und dem Prosit der Gemütlichkeit sollte eigentlich nichts mehr im Wege stehen. Heute gilt Wien als das Zentrum der Bieroper, gibt es doch hier ein aktives Bieropernensemble, welches durch ganz Österreich tourt und schon mehrere Male in Deutschland gastierte.

*

Wir bleiben zunächst in Österreich. 1840 fand am Theater an der Wien die Uraufführung von Johann Nestroys Gesangsposse *Der Talisman oder die Schicksalsperücken* statt. Der Autor selbst übernahm darin die Rolle des Titus Feuerfuchs, Adolf Müller senior schrieb die Musik dazu. Dieses Werk diente Heinrich Sutermeister als Grundlage für seine burleske Oper *Titus Feuerfuchs*, die erstmals 1958 in Basel gezeigt wurde. Hier ist Titus aber kein umherziehender Barbiergeselle, sondern ein Lehrjunge im Brauhaus des Onkels. Folglich beginnt die Handlung nun auf dem Gelände einer österreichischen Brauerei. Aufgrund seiner roten Haarpracht wird Titus von den Braumädchen und Knechten regelmäßig aufgezogen. Daher auch der Spitzname Feuerfuchs. Eines Tages ist das Maß aber endgültig voll und Titus sieht rot. Er leistet sich irgendein starkes Stück und wird von seinem Onkel Spund davongejagt. Im Wald stößt Titus auf ein Grüppchen von sechs Halunken, die gerade dabei sind, Monsieur Marquis, einen Friseur, auszurauben. Da es ihm gelingt, die Banditen in die Flucht zu schlagen, erhält Titus zum Dank eine Hutschachtel. Kurz darauf lernt er die gleichfalls rothaarige Gänsemagd Salome Pockerl kennen. Nach einem kurzen, aber heftigen Flirt rafft Salome ihre sieben Schleier wieder zusammen und geht in Richtung Schloss Cypressenburg ab. Im Gegensatz zu Jochanaan darf Titus seinen Kopf behalten, obwohl der schon ziemlich verdreht aussieht. Nun öffnet Titus die Hutschachtel. In ihr liegt eine fesche Perücke aus der Aretha-Franklin-Kollektion, die an Ort und Stelle anprobiert wird. Der so aufgeschickte Titus läuft zum Schloss, in welchem ihm die Frauenherzen gleich reihenweise zufliegen. Als erstes erwischt es die Gärtnerin, danach die Kammerfrau, was den ebenso anwesenden Friseur neidisch werden lässt. Als Titus ein kleines Nickerchen macht, mopst ihm der Monsieur den dunklen Fiffi heimlich vom Kopf. Allerdings vergisst er, den Perückenschrank wieder abzuschließen, wodurch der wieder erwachte Titus die Möglichkeit erhält, jetzt als Blondine aufzutreten. Er setzt seine Suche nach Salome fort und trifft nun auf die mannstolle Gräfin Cypressenburg, die besonders auf blonde Kerle steht. Die beiden anderen Damen kommen hinzu, und gemeinsam schnattern sie derart auf Titus ein, dass dieser von der Travestie langsam die Nase voll hat. In dem Moment, als Feuerfuchs die Perücke abzieht, öffnet sich die Tür und Salome führt den Brauereibesitzer in den Saal. Mit Tränen in den Augen (und einem frisch gezapften Versöhnungspils in der Hand) erklärt Spund, dass es ihm unendlich leid tue. Titus vergibt seinem Onkel und macht Salome einen Heiratsantrag. Diese kostet zunächst mal das Bier und sagt schließlich ja.

*

Nun wechseln wir ins belgische Flandern, auf den Rathausplatz in Brüssel, wo sich Gaetano Donizettis *Der Herzog von Alba* zuträgt. Vielleicht sei noch vorweggenommen, dass der Komponist diese Oper zu Lebzeiten in die Schublade stecken musste, weil die damalige Pariser Primadonna ihrer Konkurrentin die weibliche Hauptrolle nicht gönnte. Demzufolge blieb *Der Herzog von Alba* ein fragmentarisches Werk, das die zweite Ehefrau Donizettis erst nach dessen Tod vollenden ließ. Wo war ich? Ach ja, auf dem Grote Markt in Brüssel, keine dreihundert Meter von Manneken Pis entfernt. Im Hintergrund ist das Rathaus zu sehen, davor eine Säule. Auf der linken Seite liegt der Eingang zur Kaserne, in welcher die Arkebusen – nein, das sind Hakenbüchsen – untergebracht sind. Und auf der rechten Seite befindet sich – viel interessanter – Daniels Brauerei. In der Mitte sitzen flämische Bürger mit ihren Bierkrügen an langen Tafeln. Am Vorabend ging hier die vom spanischen Statthalter Herzog Alba angeordnete Enthauptung des Grafen Egmont über die Bühne. Aus der Kaserne kommen mehrere spanische Soldaten gelaufen, die die Flamen vertreiben und aus deren Bierkrügen trinken. „Von diesem schäumenden, prickelnden Hopfen, meine lieben Flamen, schenkt uns den Nektar ein! Er ist unser!", singt ein gewisser Carlos. Da es ihm schmeckt, fragt er den Wirt, woher das Bier stamme. „Von Meister Daniel, dem berühmten Bierbrauer!", erwidert dieser. Daniel betritt den Platz, die Soldaten verlangen mehr Bier und es kommt zum Tumult, der sich erst durch das Erscheinen des Herzogs wieder beruhigt. Ein einziger Flame namens Heinrich bietet Alba die Stirn. Der Herzog lässt ihn gewähren, da er in dem jungen Mann seinen verschollen geglaubten Sohn wiedererkennt. Nach einer schmissigen Szene mit Chor, gleich zu Beginn des zweiten Aktes („Herrlicher Göttertrank! Kühles Gebräu! Ein Hoch auf das Bier!"), treffen Heinrich und Egmonts Tochter Helena in der Brauerei aufeinander. Helena ist fest entschlossen, den Tod ihres Vaters zu rächen und das Land vom spanischen Joch zu befreien. Plötzlich erscheinen die Spanier und nehmen jeden, mit Ausnahme von Heinrich, fest. Dieser dringt in das Arbeitszimmer des Herzogs ein, in welchem ihm seine wahre Herkunft offenbart wird. Wenn ihn Heinrich öffentlich als Vater anerkennt, werde Alba die bereits zum Tode Verurteilten begnadigen. Als Heinrich kurz vor der Hinrichtung seiner Freunde der Bitte des Vaters nachkommt, schenkt Alba allen die Freiheit. Im vierten Akt beschließt der Herzog, mit seinem Sohn zurück nach Spanien zu gehen. Im Hafen von Antwerpen warten junge Mädchen, die dem Stadthalter Blumen zum Abschied schenken möchten. Eine von ihnen ist Helena, die einen Dolch im Gebinde versteckt hält. Heinrich erkennt sie und die Gefahr, wirft sich rechtzeitig vor seinen Vater und geht tödlich getroffen zu Boden.

Diese Gewerke auch hier:

Daniel Robinson, ein Bierbrauer, und *Bob, ein Brauer*, in *Der Brauer von Preston* von A. Adam
Der Notar von Flandern oder Die Bierbrauer von Gent, eine Oper von J. Brzowski
Der Bierbrauer in *Komödie auf der Brücke* von B. Martinů
Traugott, ein Brauer, in *Der Karottenkönig* von J. Offenbach
Der Brauer von Preston, komisches Melodram von L. Ricci
Kunz Gilgenstock, der Bäck und Bräuer, in *Feuersnot* von R. Strauss

Wenn's um die Wurst geht
Fleischer, Metzger und Schlachter

Die Franken mögen's gern schweinisch, vor allem auf dem Küchentisch. Zu den bekanntesten fränkischen Spezialitäten gehören die Schweinfurter Schlachtschüssel, die mit Majoran und Piment gewürzte Rostbratwurst sowie das Schäufele, eine gebackene Schweineschulter. Eine weitere regionale Köstlichkeit ist die bei den Bayreuthern und ihren Festspielbesuchern so überaus beliebte Siegfried-Wurst. Dahinter verbirgt sich eine Salami, die erst durch Richard Wagners Leitmotive ihre unnachahmliche Geschmacksnote erhält. Diese Erfahrung machte auch der Regisseur Christoph Schlingensief, als er während seiner „Deutschlandsuche" ganz gewöhnliche Salami mit Wagners Musik beschallen ließ. Er kam zu der verblüffenden Erkenntnis, dass die unbeschallte Wurst längst nicht so gut schmeckte. Und tatsächlich lässt Wagner in seinem Werk *Die Meistersinger von Nürnberg* einen fränkischen Metzger auftreten. Dieser darf aber weder singen noch Würste verkaufen, sondern lediglich ein paar Schellen austeilen. „Dort den Metzger Klaus kenn' ich heraus!", singen die Gesellen in der Prügelfuge, am Ende des zweiten Aktes.

*

Doch wen sollte man um Rat bitten, wenn man die Sau nicht essen, sondern so richtig rauslassen will? *Albert Herring* entscheidet sich in Benjamin Brittens gleichnamiger Oper für seinen Freund Sid, einen Metzgerburschen. Bislang führt Albert in dem Kleinstadtkaff Loxford ein derart gesittetes Dasein, dass die Bewohner das Mauerblümchen zum diesjährigen Maienkönig krönen wollen. Sid schlägt Albert vor, endlich mit dem Ausgehen, Trinken und Schäkern anzufangen. Albert hat Bedenken, denn immerhin lebt man ja im viktorianischen England. Das ist einem Metzger ziemlich wurscht, und deshalb gießt Sid auf dem Maifest Rum in Alberts Limonade. Natürlich heimlich. Als der angeheiterte Albert später die hübsche Bäckerstochter beim Schmusen mit Sid beobachtet, entfaltet der Alkohol seine volle Wirkung. Am Tag darauf macht Alberts Mutter eine wochenendtypische Erfahrung: Sie hat bereits zu Mittag gegessen, während der Sohnemann lallend vom Partymachen nach Hause kommt. Ach ja, das Preisgeld hat Albert übrigens auch versoffen.

*

Von der Tatsache, dass Kinder einem nichts als Ärger machen, kann Klytämnestra ein Lied singen, was sie auch tut, und zwar in *Elektra* von Richard Strauss. Sie wird von Alpträumen geplagt, weil ihr Ehemann vor einigen Jahren im Badezimmer ausgerutscht ist. Dabei zog er sich eine Schnittwunde zu, die so schlimm war, dass er kurz darauf verstarb. Klytämnestra hat viel probiert, um das Erlebnis zu vergessen. Erst zog der neue Hausfreund bei ihr ein, später hängte sie sich esoterische Klunker um den Hals, zu guter Letzt entbeinte Klytämnestra gar einige ihrer Hausenten, obwohl sie dafür nie eine Ausbildung absolviert hat. All das blieb jedoch wirkungslos. Nun ruft ihr die im Hinterhof spielende Tochter zu, dass die nächtlichen Horrorvorstellungen bald ein Ende haben werden. Man müsse nur noch ein nicht mehr jungfräuliches Weib fachgerecht zerlegen lassen. Da diese Worte für Klytämnestra keineswegs verständlich sind, kommt extra ihr Sohn Orest angereist, um seine – ebenfalls ungelernten – Künste als Schlachter zu demonstrieren.

*

Dagegen hat Escamillo seinen Beruf von der Pike auf gelernt, was bei ihm durchaus wörtlich zu nehmen ist. Er produziert die saftigsten Steaks von ganz Sevilla, jedoch in einem recht aufwendigen Verfahren, als Torero. Da sich aber alle Personen, die an einem Stierkampf beteiligt sind, als Toreros ausgeben, sollten wir Escamillo korrekterweise als Matador bezeichnen. Das Wort stammt übrigens vom Lateinischen „mactator" ab, zu Deutsch: Schlächter. Jedenfalls scheint Escamillo in den spanischen Arenen sehr gefragt zu sein, denn er trifft erst im zweiten Akt von Georges Bizets *Carmen* auf genau diese Dame. Und was hat er bis dahin alles verpasst? Unter anderem eine der schmissigsten Ouvertüren, die es überhaupt gibt, eine zackige Wachablösung, den Chor der Zigarettenarbeiterinnen sowie die Habañera, die Seguidilla und das Zigeunerlied der titelgebenden Señorita. Carmen geht einer nichtselbstständigen Tätigkeit als Verführungskünstlerin nach – und sie ist eine Meisterin ihres Fachs. Im ersten Akt ließ der Sergeant Don José seine Freundin Micaëla für Carmen sitzen, nahm für sie sogar eine Degradierung und eine Haftstrafe in Kauf. Nun bringt Carmen den armen Escamillo um den Verstand. Auf dessen Frage, ob er denn auf ihre Liebe hoffen könnte, antwortet Carmen nur, dass es ja nicht verboten sei zu warten. Mit anderen Worten: Er soll sich schon mal hinten anstellen. Viel Geduld muss Escamillo aber nicht aufbringen, denn der frisch entlassene Don José begeht einen folgenschweren Fehler, indem er Carmen bei deren Tanzstunde stört. Da nutzt auch die Entschuldigung des

Tenors – eine schöne Blumenarie – nichts mehr: Mit Beginn des dritten Aktes scheinen Carmens Gefühle für Don José zu erlöschen. Sofort ist Escamillo zur Stelle, um Carmen ins Steakhaus auszuführen, was wiederum Don José zum wilden Stier werden lässt. Doch zunächst muss er seine Eifersucht zügeln und zur sterbenskranken Mutter eilen. Im vierten Akt steht Carmen dann ausgehfertig vor der Arena und wartet auf Escamillo. Weil sie dort aber in das offene Messer ihres Exfreundes rennt, kann sie die Einladung leider nicht mehr annehmen.

Diese Gewerke auch hier:

Hans Stollner, Franz Spillner, Peter Schlager und *Franz Stich, Fleischerknechte*, in *Ein alter Handwerksbursche* von C. Binder
Alfred, Metzger, in *Bordellballade* von M. Eggert
Der Metzger in *Die Jagd nach dem Schlarg* von W. Hiller
Michael Kraus, der Schlachter, in *Rumor* von C. Jost
Ferdinand, Fleischer, in *Der jüngste Tag* von G. Klebe
Hackauf, Fleischermeister in Prag, in *Der böse Geist Lumpazivagabundus* von A. Müller sen.
Ein Metzger in *Der fliegende Schneider* von G. Pressel
Filat, ein Fleischer, in *Kaufmann Kalašnikov* von A.G. Rubinstein
Mr. Beynon, Metzger, in *Unter dem Milchwald* von W. Steffens

Romantik in Moll
Müller

Mit seinem Alter Ego, der Paartherapeutin Prof. Evje van Dampen, leitet Hape Kerkeling aus dem Wort „Geschlecht" Folgendes ab: Allein schon die Bezeichnung beweise doch eindeutig, dass es zwischen Frau und Mann nicht funktionieren könne. Würde es gut gehen, dann würde es auch „Gegut" heißen. Aber es geht eben nicht gut, nein, es geht schlecht. Ach ja, die liebe Liebe. Erst kommt sie, Tadaa!, dann geht sie wieder. Und nichts kann sie halten, keine Kette und auch kein Strick. Glaubt man dem Inhalt diversen Liedguts, ist das der Grund dafür, dass der Müller als nicht sonderlich sesshaft gilt. Wenn die Liebe geht, geht auch er. Folglich steht das Wandern also vielmehr für des Müllers Frust. Ein typisches Beispiel hierzu ist der romantische Liederzyklus *Die schöne Müllerin* von Franz Schubert: Ein junger Müller verliebt sich in die Tochter seines neuen Meisters, doch am Ende wird er für einen Jäger sitzengelassen – und ertränkt sich im Bach. Die Texte basieren auf einer Gedichtsammlung von Wilhelm Müller, der sich darin seine unerfüllte Liebe zur Dichterin Luise Hensel von der Seele schrieb. Nach der Vertonung durch Schubert setzten sich auch andere Komponisten mit dem Stoff auseinander, etwa Heinrich Marschner und Karl Hellmuth Dammas. Das populäre deutsche Volkslied über die Wanderschaft des Müllers stammt jedoch von Carl Friedrich Zöllner.

*

Das hat sich der Mühlenbesitzer Sebastiano in Eugen d'Alberts Oper *Tiefland* ja fein ausgedacht: Weil er pleite ist und eine reiche Mieze heiraten muss, will er einem Bergtrottel seine Geliebte plus Mühle überlassen. Natürlich nur zum Schein: Insgeheim soll das Techtelmechtel zwischen ihm und Marta nämlich weitergehen. Doch erstens kommt es anders, und zweitens als man denkt. Der Hirte Pedro nimmt das vermeintlich großzügige Angebot von Sebastiano an und jagt der Schürze Martas hinterher. Aber nach der Trauung offenbart ihm der Mühlknecht Moruccio, was wirklich hinter der Sache steckt. Kurz darauf meldet sich auch bei Marta das schlechte Gewissen. Als Sebastiano ausgerechnet in der Hochzeitsnacht mit Marta Mühle spielen möchte, weist diese ihn schroff ab. Am nächsten Morgen will Marta mit Pedro reinen Tisch machen, doch das Gespräch endet mit einer leichten Schnittwunde an ihrem Arm. Da erscheint Sebastiano und fordert Mühle sowie Marta wieder zurück, weil sein eigenes Heiratsprojekt geplatzt ist. Der vom Tieflandleben genervte Pedro erwürgt den Intriganten und zieht mit seiner Braut in die Berge.

*

Eine der fraglos spannendsten Opern des Repertoires ist *Jenůfa* von Leoš Janáček. Schon allein die Handlung raubt einem den Atem, den Rest besorgt eine stets vorwärts peitschende, tiefenpsychologische Musik. Wie genial Janáček hier komponiert hat, hört man bereits beim ersten Vorspiel: Zum stets wiederkehrenden Motiv der klappernden Mühle – dem Xylophon – gesellen sich zupfende Bässe, immer spitzer tönendere Geigenklänge und kraftvolle Paukenschläge. Kaum ist der Lappen hoch, nimmt das Schicksal seinen Lauf: Während Jenůfa ihren

Tenorschatz von der Musterung zurückerwartet, schält ihre Großmutter, die alte Buryja, Kartoffeln für das Mittagessen. Stewa hat abermals Grund zum Feiern: Erst überschreibt Buryja die Mühle ihrem Lieblingsenkel, also ihm; dann gewinnt er mit Jenůfa, seiner Cousine, das hübscheste Mädchen des mährischen Dorfes, und nun kann er sich auch noch vom Armeedienst freikaufen. Mit dem Auftritt der Küsterin, der Stiefmutter Jenůfas, findet das feuchtfröhliche Gelage sein jähes Ende. Da ihr verstorbener Mann ein gewalttätiger Säufer war, verbietet sie ihrer Ziehtochter vorerst, Stewa zu heiraten. Buryja bringt ihren betrunkenen Enkel ins Bett, die Dorfgemeinschaft geht ebenfalls ab, nur Laca, der Halbbruder Stewas, bleibt bei Jenůfa. Aber nicht etwa, um sie zu trösten. Vielmehr versucht er ihr klarzumachen, dass Stewa doch nur ihre Schönheit lieben würde. Es kommt zu einem Disput, in dessen Verlauf Laca die Apfelwange Jenůfas mit einem Messer verletzt. Fünf Monate und einen Akt später ist Jenůfa wieder Single. Zudem brachte sie in aller Heimlichkeit einen Jungen zur Welt. Die Küsterin, die Mutter und Kind versteckt hält, bittet Stewa auf Knien, Jenůfa nicht im Stich zu lassen. Er erklärt sich zu Unterhaltszahlungen bereit, wenn davon nur nichts an die Öffentlichkeit dringen würde. Mehr sei aber nicht zu machen, da er schon alsbald mit der Tochter des Bürgermeisters vor den Traualtar treten werde. Als Stewa das Haus verlassen hat, kommt Laca vorbei. Er gesteht der Küsterin seine Liebe zu Jenůfa, wird jedoch sogleich mit der Wahrheit konfrontiert: Jenůfa war gar nicht fort, sondern hat ein Baby geboren, Stewa ist der Vater. Da sich die Hoffnung, Laca würde das uneheliche Kind annehmen, scheinbar nicht erfüllt, gerät die Küsterin in Panik. Sie erzählt, dass das Kind bereits gestorben sei, und schickt Laca unter einem Vorwand wieder fort. Jenůfa, die nebenan tief und fest schläft, hat von all dem nichts mitbekommen. Nach einem dramatischen Monolog nimmt die Küsterin das Baby aus der Wiege und verschwindet damit in der Eiseskälte. Jenůfa erwacht und vermutet zunächst, dass ihre Stiefmutter mit dem Kind zur Mühle gelaufen sei. Doch die Küsterin kehrt allein zurück und erklärt ihr, sie habe mehrere Tage im Fieber gelegen. Ob sie sich denn gar nicht daran erinnern könne, dass ihr Junge gestorben sei? Jenůfa bricht zusammen. Die Küsterin legt ihr nahe, Laca zu heiraten. An seiner Seite werde sie wieder ganz von vorn anfangen können. Als Laca zurückgekehrt ist und die Küsterin dem Paar den Segen erteilen will, stößt der Wind die Fenster auf: Schnee wirbelt ins Zimmer, unten im Graben dröhnen Blechbläser und Schlagwerk, die Küsterin singt vom hereinschauenden Tod, und bei uns, dem Publikum, liegen die Nerven blank. Wenn ich an Aufführungen mit Anja Silja oder Éva Marton als Küsterin zurückdenke, bekomme ich noch heute schweißnasse Hände. Im letzten Akt findet gerade die Hochzeit von Jenůfa und Laca statt, als im Dorf ein Lärm losbricht. Im aufgetauten Bach hat man die Leiche eines Säuglings gefunden. An dem roten Mützchen erkennt Jenůfa ihr Kind, die Küsterin gesteht daraufhin das Verbrechen. Bevor sie vom Richter abführt wird, äußert Jenůfa Verständnis für ihre Tat. Dem Erlebten zum Trotz blickt das junge Paar hoffnungsvoll in die Zukunft ...

Dieses Gewerk auch hier:

Ginès, ein Müller, in *Giralda oder Die neue Psyche* von A. Adam
Ein Müller in *Fra Diavolo* von D.-F.-E. Auber
Teresa, Müllerin, in *Die Nachtwandlerin* von V. Bellini

Meister, Müller, in *Krabat* von C. Bresgen
Der Müller in *Der König* von U. Giordano
Sima, der Müller, in *Ero der Schelm* von J. Gotovac
Mutter Waltraud, Müllerin im Wisperthal, in *Die Mühle im Wisperthal* von W. Freudenberg
Klas, der Windmüller, und *Müllerburschen* in *Enoch Arden oder Der Möwenschrei* von O. Gerster
Jörg Satlbogen, Müller, in *Die Hexe von Passau* von O. Gerster
Florian, ein junger Müller, in *Das Testament* von W. Kienzl
Die schöne Müllerin, Oper von J.B. Klerr
Steffen, ein Müller, in *Die Regenbrüder* von I. Lachner
Müller, Kohlenbrenner und Sesselträger oder Die Träume von Schale und Kern, Zauberposse von A. Müller sen.
Libor, der Müller, in *Die Laterne* von V. Novák
Rachelina, Müllerin, in *Die Müllerin* von G. Paisiello
Müllerbursche in *Lady Macbeth von Mzensk* von D.D. Schostakowitsch
Der Müller in *Irrelohe* von F. Schreker
Kurt, Müller, in *Bertha die Spinnerin* von A. Schricker
Müller und *Müllerin* in *Der Rose Pilgerfahrt* von R. Schumann
Die Müllerin in Marly, unvollendete, komische Oper von A.N. Serov
Der Müller in *Sámson* von S. Szokolay
Capoccio, ein Müller, in *Buovo d'Antona* von T. Traetta
Der Sturm auf die Mühle, Oper von K. Weis
Tio Lukas, der Müller, in *Der Corregidor* von H. Wolf
Der Müller in *Der Traumgörge* von A. v. Zemlinsky
Levin, Bootsmüller, in *Levins Mühle* von U. Zimmermann

Kennen Sie Schnipp-Schnapp?
Barbiere, Friseure und Perückenmacher

Loriot hat sich in einem Punkt geirrt: Schnipp-Schnapp ist mitnichten ein Spiel für drei Personen, sondern der Name einer Dienstleistung, bei der es zwei Teilnehmer gibt. Die Regeln sind einfach und schnell erklärt: Der eine sitzt, der andere schneidet ihm die Haare – und bekommt Geld dafür. Ist der Sitzende nach dem Ende von Schnipp-Schnapp mehr als nur zufrieden, gibt's sogar was oben drauf. Ist das genaue Gegenteil der Fall, gibt's was hinten drauf. Letzteres ist aber eher die Ausnahme, selbst in der Oper. Bleiben wir also bei den immer wieder gern gesehenen und genommenen Trinkgeldern.

*

In Gioachino Rossinis *Der Barbier von Sevilla* treffen wir das erste Mal auf Figaro, als der gerade auf dem Weg zur Arbeit ist. Trotz aller Hektik im Berufsverkehr nimmt er sich die Zeit, um in einer der populärsten Kavatinen sein Handwerk zu lobpreisen. (An dieser Stelle der kurze Tipp an alle Salonleiter: Motivieren Sie Ihre Mitarbeiter doch mal mit einem Liedchen, bevor Sie die Ladentüre aufschließen!) Der erste Kunde erscheint ohne Termin und verlangt dann auch noch eine Extrawurst außerhalb der Produktpalette. Weil Graf Almaviva aber für üppige Trinkgelder im Voraus bekannt ist, wird er von Figaro trotzdem bevorzugt behandelt. Almaviva kommt ohne Umschweife zur Sache: Der Barbier soll dabei helfen, den gesetzlichen Vertreter seiner Flamme Rosina auszutricksen, da dieser seine Fürsorgepflichten maßlos übertreiben würde. Nach einigen Verwirrungen und Verwicklungen gelingt der Plan und Figaro kann nach nur zweieinhalb Stunden schon wieder in den Feierabend gehen. Folglich muss der Graf deutlich über Tarif bezahlt haben.

*

Beide stoßen etwa 30 Jahre später erneut aufeinander, und zwar in einer Oper, die 30 Jahre früher uraufgeführt wurde. Wenn sich der Vorhang zu Wolfgang Amadeus Mozarts *Die Hochzeit des Figaro* hebt, sieht man den Barbier, wie er mit Susanna, seiner Verlobten, eine Einzimmerwohnung im Schloss des Grafen beziehen möchte. Da es in der Partnerschaft zwischen Graf Almaviva und Gräfin Rosina inzwischen kräftig knirscht, ist das eigentlich keine so gute Idee. Aber das Geschäft lief in letzter Zeit so schlecht für den Figaro, dass er Insolvenz anmelden musste. Zu allem Übel taucht auch noch die Haushälterin von Rosinas früherem Vormund auf und wedelt mit einem alten Darlehensvertrag. Darin steht die unübliche Klausel, dass Figaro die Haushälterin heiraten müsse, wenn er nicht zahlungsfähig sei. Dahinter steckt natürlich Liebe, Mutterliebe, um genau zu sein. Aber das wird allen Beteiligten erst im 3. Akt klar. Der Schuldschein wandert anschließend in den Papierkorb, Graf und Gräfin bekommen durch ein raffiniertes Rollenspiel ihre Eheprobleme in den Griff und Figaro kann mit seiner Susanna endlich vor den Traualtar treten. Von nun an leben sie bestimmt alle glücklich und gut frisiert bis ans Ende ihrer Tage.

*

Eher stark frustriert als gut frisiert lernen wir die Fürstin Werdenberg in Richard Strauss' *Der Rosenkavalier* kennen. Sie weiß bereits zu Beginn, dass der ungeliebte Ehemann während der ganzen Oper nicht nach Hause kommen wird, und lädt sich den Grafen Octavian für ein sexuelles Abenteuer ein. Am Morgen danach stellt die Fürstin bei Tageslicht fest, dass sie doppelt so alt ist wie Octavian und reagiert miesepetrig. Ihre schlechte Laune darf unter anderem der Friseur ausbaden, dem sie vorwirft, er habe heute ein altes Weib aus ihr gemacht. Hippolyte kann sich somit sein Trinkgeld in die Haare schmieren. Als ausgleichende Gerechtigkeit verliert die Fürstin im Finale den Liebhaber an eine jüngere Sopranokollegin.

*

In *Die schweigsame Frau*, einer weiteren Oper von Richard Strauss, ist der Stammkunde des Barbiers genauso mürrisch, wenn auch aus gutem Grund. Sir Morosus war früher mal Admiral Seiner Majestät des englischen Königs, bis eine Explosion in der Pulverkammer seinem Gehör – und damit der Karriere – großen Schaden zufügte. Seitdem möchte der betagte Pensionär weder spazieren gehen noch die Illustrierten lesen, sondern nur in Ruhe hier sitzen. Das jedoch gestaltet sich schwierig, denn die redselige Haushälterin treibt ihn fast in den Wahnsinn. Da es aber keine wirkliche Lösung ist, sie einfach umzubringen, bittet Morosus den Barbier Schneidebart um Hilfe. Dieser rät ihm, die Alte rauszuschmeißen und sich mit einer jungen, schweigsamen Frau zu vermählen. Pünktlich zum zweiten Akt steht eine Katalogbraut bereit, die allerdings nur so lange still und schüchtern bleibt, bis die Tinte auf der Heiratsurkunde trocken ist. Morosus ahnt nicht, dass das Ganze nur eine von seinem Neffen eingefädelte Finte ist und fällt vom Regen in die Traufe. Als die Komödie im Finale aufgeklärt wird, zeigt sich Morosus von seiner humorigen Seite: „Wie schön ist doch die Musik. Aber wie schön erst, wenn sie vorbei ist!"

*

Auch in der Peter Cornelius-Oper *Der Barbier von Bagdad* geht es um ein intimes Aufeinandertreffen. Weil sich seine Freundin über pieksende Bartstoppeln beschwert hat, will Nureddin, ein vornehmer Türke, zur nächsten Verabredung ordentlich rasiert erscheinen. Er bestellt sich den geschwätzigen Barbier Abul Hassan ins Eigenheim, was Nureddin schon alsbald bitter bereut. Denn der Aufschneider stellt sich mit einer ausladenden Arie vor, und zwar als „ein athletisches, tief theoretisches, musterhaft praktisches, autodidaktisches Gesamtgenie". Der eilige Nureddin kann nur noch winselnd bitten: „Auf meinen Knien hier beschwör' ich dich – rasiere mich!" Doch für Abul zahlen sich die vielen Hausbesuche und Kundengespräche endlich mal aus: Im Palast des Kalifen ist die Stelle des Hofbarbiers vakant. Abul nimmt das Angebot an und beschließt mit einem „Salam aleikum!" diesen ganz normalen Arbeitstag.

Diese Gewerke auch hier:

Barbier in *Der Barbier von Sevillien* und *Der Barbier von Bagdad* von J. André
Der spanische Barbier, Oper von S. Arnold
Lamparilla, Barbier, in *Der Barbier von Lavapiés* von F.d.A. Asenjo Barbieri
Der Barbier, komische Oper von G. Astarita
Der Barbier von Sevilla, ein Singspiel von F.L. Benda
Ein Hotelfriseur in *Der Tod in Venedig* von B. Britten

Rigo, Dorfbarbier, in *Don Quichotte in Sierra Morena* von F.B. Conti
Der Barbier vom Dorfe, ein Singspiel von C. Ditters von Dittersdorf
Ein Friseur (stumme Rolle) in *Don Pasquale* von G. Donizetti
Der Barbier in *Der vermeintliche Ritter* von P. Fénelon
Francois, ein Friseur, in *Handwerkerliebe* von F.L. Gassmann
Ein Friseur in *Madame Liselotte* von O. Gerster
Marco, ein Barbier, in *Il Voto* von U. Giordano
Das Rendezvous des Barbiers, komisches Intermezzo von W. Gorączkiewicz
Der Barbier vom Dorfe oder Die Rückkehr, komische Oper von A.-E.-M. Grétry
Die Tochter des Barbiers, Kammeroper von R. Grīnblats
Urban, der Barbier, in *Zwerg Nase* von G. Hässy
Der Barbier von Bagdad, Singspiel von J.K. Hataš
Die Barbiere von Bassora, komische Oper von J.P. Hullah
Figaro, ein Barbier, in *Figaro lässt sich scheiden* von G. Klebe
Raoul, Friseur, in *Die Kathrin* von E.W. Korngold
Die beiden Figaro, komische Oper von C. Kreutzer
Nicola, der Barbier, in *Die Höhle von Salamanca* von F. Lattuada
Der Barbier von Trouville, kleine Buffo-Oper von C. Lecocq
Pomponnet, Friseur, in *Das Mädchen von Madame Angot* von C. Lecocq
Hans Ferbit, ein Barbier, in *Der Roland von Berlin* von R. Leoncavallo
Die Tochter des Figaro, komische Oper von X. Leroux
Fusi, ein Friseur, in *Momo und die Zeitdiebe* von M. Lothar
Andris, ein Dorfbarbier, in *Griechische Passion* von B. Martinů
Der Barbier von Berlin, Altberliner Posse von S. Matthus

Kennen Sie Schnipp-Schnapp?

Figaro, ein Barbier in Sevilla, in *Der Barbier von Sevilla* von F. Morlacchi
Der Barbier von Sievering, Parodie von A. Müller sen.
Schlankerl, Barbier und Friseur, in *Das Haus der Temperamente* von A. Müller sen.
Titus Feuerfuchs, ein vazierender Barbiergeselle, und *Monsieur Marquis, Friseur*, in *Der Talisman oder die Schicksalsperücken* von A. Müller sen.
Ein Perückenmacher in *Die unruhige Nachbarschaft* von Wen. Müller
Sancho, ein Barbier, in *Die Schwätzer* von J. Offenbach
Figaro, ein Barbier, in *Der Barbier von Sevilla* von G. Paisiello
Antonio, ein Barbier, in *Der eingebildete Sokrates* von G. Paisiello
Der Barbier der Regentschaft, komisches Melodram von C. Pedrotti
Der Barbier, Intermezzo von N. Piccinni
Ein Friseur in *Manon Lescaut* von G. Puccini
Ein Barbier in *Die versunkene Glocke* von O. Resphighi
Der Barbier von Bagdad, Oper von N.A. Rimski-Korsakow
Ciccala, ein Barbier, in *Angiolina oder Die Ehe im Flüsterton* von A. Salieri
Lux, Dorfbarbier, und *Adam, Barbiergeselle*, in *Der Dorfbarbier* von J.B. Schenk
Iwan Jakowlewitsch, ein Barbier, in *Die Nase* von D.D. Schostakowitsch
Der Dorfbarbier und die Schmiedswitwe, Posse von F.L. Seidel
Mr. Waldo, Dorfbarbier und Tunichtgut, in *Unter dem Milchwald* von W. Steffens
Ein Perückenmacher in *Ariadne auf Naxos* von R. Strauss

Monsieur Marquis, gräflicher Friseur, in *Titus Feuerfuchs* von H. Sutermeister
Der Barbier von Arpino, Farce von A. Tarchi
Der Barbier der Regentschaft, komische Oper von A. Thomas
Birotteau, Friseur, in *Der Kadi* von A. Thomas
Ein Barbier in *Die pfiffige Magd* von J. Weismann
Ein Barbier in *Don Quijote de la Mancha* von H. Zender

Hinter der Bühne:

Georg Büchners *Woyzeck* befasst sich mit dem Schicksal des Perückenmachers und einfachen Soldaten Johann Christian Woyzeck. Aus diesem Dramenfragment fertigten Alban Berg und Manfred Gurlitt ihre *Wozzeck*-Opern.

Das Staatstheater Kassel lüftete 1996 in einem Programmheft ein Geheimnis, welches noch nicht einmal Richard Wagner kannte: Nikolaus Vogel, der pünktlich zu jeder Aufführung von *Die Meistersinger von Nürnberg* erkrankt, ist ein Bader und Friseur, der sich bei der Pediküre verletzt haben soll.

Der Tod hat viele Gesichter
Maskenbildner

Für die Freunde des billigen Witzes sei hier gleich am Anfang gesagt: *Maskenball* ist keine Sportart! Wenn die Banner vor der Arena verkünden, dass dieses Spiel heute Abend angepfiffen werde, handelt es sich vielmehr um eine Oper von Giuseppe Verdi. In dieser wird der Gouverneur von Boston auf seiner eigenen Kostümparty von einem maskierten Gast niedergestochen. In Wahrheit ist das dem schwedischen König Gustav III. im Stockholmer Opernhaus passiert, doch die damalige Zensur verbot es, einen politisch motivierten Königsmord auf die Bühne zu holen. Man einigte sich schließlich auf eine Namensänderung und die Verlegung des Schauplatzes nach Massachusetts, damit das Werk nicht mehr mit dem Anschlag in Verbindung gebracht werden konnte. 76 Jahre später wurde in Kopenhagen erstmals die in Schweden spielende Textfassung aufgeführt – in dänischer Sprache. Wie es der Zufall will, erzählt auch die Nationaloper Dänemarks vom Reiz, das wahre Gesicht zu verbergen. Zu Beginn von Carl Nielsens *Maskerade* erwacht Leander mit einem Brummschädel. Er weiß noch, dass er gestern im Grønnegade Teater war und sich dort in ein fremdes Mädchen verliebt hat. Sein Vater verbietet ihm den nochmaligen Besuch einer solchen Veranstaltung, da bereits die Zwangsehe für den Sohn arrangiert ist. Als rebellischer Jungspund schlägt Leander derartige Belehrungen natürlich in den Wind, doch am Ende stellt sich heraus, dass Papis Auserwählte und das maskierte Fräulein aus dem Theater ein und dieselbe Person sind.

*

Die beiden Werke von Nielsen und Verdi stehen damit für ein uraltes Symbol des dramatischen Theaters – eine lachende und eine weinende Maske. Es liegt in den Händen des Maskenbildners, diesem Sinnbild allabendlich Leben einzuhauchen: Angefangen vom einfachen Frisieren und Schminken der Darsteller über die Herstellung plastischer Gesichts- und Körperteile, der Gestaltung von Tier- oder Fantasiemasken bis hin zur Fertigung, Anbringung und Pflege falscher Zähne, Haare, Bärte und Glatzen. Ein Maskenbildner besorgt der Knusperhexe ihre Hakennase, klebt Jenůfas Narbe fest, malt Carmen die Lippen rot an, steckt dem schlauen Füchslein die Spitzohren auf, föhnt der Venus die Locken, bräunt den nordischen Heldentenor zu Otello, dem Mohren von Venedig, und organisiert vermutlich nebenbei auch noch der Diva ihren Kaffee. Mal muss die schlanke, junge Sopranistin in einen faltigen Hausdrachen mit Doppelkinn verwandelt werden, dann wiederum gilt es, zu vertuschen, dass der Sänger des Sohnes deutlich älter ist als der des Vaters.

*

Es gibt einige Opern, die den Theaterbetrieb als solchen zum Thema haben und ihn dabei gehörig durch den Kakao ziehen – etwa *Ariadne auf Naxos* von Hugo von Hofmannsthal und Richard Strauss. Mit *Viva la Mamma!* revanchierte sich Gaetano Donizetti für die Macken der Intendanten, Sänger und Theaterkollegen, die er während seiner Arbeit oftmals ertragen musste. Das Ergebnis ist eine humorvolle, herzerfrischende Opera buffa: Wir befinden uns in der italienischen Provinz und schauen bei der Probe eines ernsten Stückes zu, der Barockoper *Romolo und Ersilia*. Die Sänger lauschen brav der virtuosen Arie der Primadonna und bedrängen im Anschluss den Librettisten und Komponisten, auch für sie solch effektvolle Nummern zu schreiben. In diese Diskussion platzt die allseits gefürchtete Mutter des zweiten Soprans, die sich sogleich mit der Darstellerin der Ersilia in die Wolle kriegt. Plötzlich stürzt die Sängerin des Romolo mit gepackten Koffern aus ihrer Garderobe, gibt mit theatralischer Geste ihre Rolle zurück und reist ab. Obwohl Mamma Agata eigentlich ein Bariton ist, erklärt sie sich spontan dazu bereit, die Alt-Partie zu übernehmen. Nicht selten wuseln immer wieder Theaterleute wie Souffleuse, Inspizient, Türschließerin und Putzfrau durchs Geschehen. Gerade jetzt kommt die Maskenbildnerin vorbei, die Mamma Agata als Romolo zurechtmacht. Nach dem ersten Duett mit Agata schmeißt der Tenor den Laden hin. Doch auch für ihn findet man mit dem Ehemann der Primadonna rasch den passenden Einspringer. Im zweiten Akt hat Mamma Agata so viel Bühnenluft geschnuppert, dass sie dem Intendanten mit der Absage droht, sollte dieser ihr keinen Vorschuss zahlen. Da trifft eine Nachricht aus der Kulturverwaltung ein: Durch den finanziellen Kahlschlag der italienischen Regierung sei auch ihr Opernunternehmen von der Abwicklung betroffen. Zur allgemeinen Überraschung schlägt Mamma Agata vor, ihre Klunkern zu versetzen, damit die Aufführung doch noch stattfinden könne. Das gesamte Ensemble stimmt ein Loblied auf Agata an – *Viva la Mamma!*

Dieses Gewerk auch hier:

Aeneas, ein Maskenbildner (Schauspieler), in *Der glückliche Heuchler* von G.F. Ghedini

Auf wolkigen Höh'n
Dachdecker

Was halten Sie von einem kleinen Zaubertrick? Gut, denken Sie (trotzdem) an ein Opernhaus mit ungewöhnlicher Dachkonstruktion. Fertig? So, dann vermute ich mal, dass Sie im Geiste gerade am anderen Ende der Welt waren – in Sydney. Das Wahrzeichen der Stadt hat dutzende Spitznamen, von „Auster" über „Dänisches Törtchen" bis zu „F***ende Schildkröten". Ersterer bezieht sich nicht nur auf das Aussehen, sondern weist auch darauf hin, dass die Oper an drei Seiten von Wasser umgeben ist. Das „Törtchen" liegt wiederum am dänischen Architekten Jørn Utzon, dessen Entwurf 1957 den Zuschlag erhielt. Zwei Jahre später begannen die Bauarbeiten, 1973 wurde das Haus von Königin Elisabeth II. offiziell eröffnet. Für das Dach, welches aus sechs hochstehenden, gekrümmten Schalen besteht, verarbeiteten die Dachdecker mehr als eine Million weiße, glasierte Keramikplatten, die eigens aus Schweden importiert wurden. Da Kräne dort heute keinen Platz mehr finden und ein normales Gerüst keine Chance hat, stehen die australischen Kollegen jedes Mal vor einer Herausforderung, wenn Fliesen ausgetauscht werden müssen. 2007 verlieh die UNESCO dem Opernhaus von Sydney den Welterbe-Titel, die Dänen nahmen es bereits ein Jahr zuvor in ihren Kulturkanon auf.

*

Im Rheinischen nennt man den Dachdecker auch Kallendresser. Sinngemäß wird ihm damit unterstellt, seine Notdurft in die Regenrinne zu verrichten. Wer den Handwerker dann doch lieber ohne entblößtes Hinterteil antreffen möchte, wird ebenfalls im Rheinland fündig: Am Opernhaus von Düsseldorf – der Rheinoper – singt mit dem amerikanischen Tenor Corby Welch ein gelernter Dachdecker im Ensemble. Zudem erfolgte hier 1995 die Uraufführung von Giselher Klebes Zweiakter *Gervaise Macquart*, in welchem der Dachdecker Coupeau auftaucht. Die Oper fußt auf dem Roman *Der Totschläger* von Émile Zola und erzählt die Geschichte der jungen Wäscherin Gervaise. Diese scheint mit Coupeau anfangs ihren Traummann gefunden zu haben: Die beiden ziehen zusammen und heiraten, kurz darauf kommt Töchterchen Nana zur Welt. Doch von nun an stehen der jungen Familie schlimme Zeiten bevor: Coupeau erleidet einen Arbeitsunfall und muss für längere Zeit das Bett hüten, schließlich fängt er mit dem Saufen an. Trotzdem gelingt Gervaise der Spagat, gleichzeitig Hausfrau, Mutter und Alleinverdienerin zu sein. Zu allem Überfluss schleppt der Dachdecker den armen Hutmacher Lantier an, der sich prompt bei den Coupeaus einnistet. Währenddessen entwickelt sich Nana zur vorlauten Göre und gerät langsam auf die schiefe Bahn. Mehr und mehr verliert nun auch Gervaise den Mut: Sie vernachlässigt ihr Äußeres, beginnt gleichfalls mit dem Trinken, verliert immer mehr Kunden und muss in letzter Konsequenz die Wäscherei verkaufen. Nana verschwindet aus der Wohnung ihrer Eltern und lässt sich von fremden Kerlen aushalten; Coupeau, der durch den vielen Alkohol den Verstand verloren hat, landet in der Klapsmühle, und Gervaise, die am Schluss als Straßendirne unterwegs ist, verhungert im eisigen Winter.

Um Krach zu schlagen, braucht man Ruhe
Klempner und Installateure

Als es im frühen 16. Jahrhundert gelang, flache Platten zu walzen und daraus Rohre zu formen, begannen einige Schmiede, sich auf den Instrumentenbau zu spezialisieren. Von da an konnte ein Blechblasinstrument aus mehreren Einzelteilen zusammengesetzt werden, wodurch sich deren Klangqualität deutlich verbesserte. Damit stellt der historische Blechschmied eine Verbindung zwischen dem Metallblasinstrumentenmacher und dem Klempner dar. Außerdem wissen beide Berufsgruppen nur zu gut, wie man ordentlich Krach machen kann. Seinen Namen hat der Klempner nämlich vom Klempern, dem klappernden Geräusch des Blechhämmerns. Einer, der weiß, wie toll sich das anhört, ist Philip Glass. Der amerikanische Komponist, der durch wegweisende Opern wie *Satyagraha* und *Echnaton*, aber auch Filmmusiken für Hollywood-Blockbuster (z. B. *Kundun*, *Die Truman Show* und *The Hours – Von Ewigkeit zu Ewigkeit*) zur Kultfigur avancierte, arbeitete bis in die 80er-Jahre u. a. als Klempner und Installateur.

*

So ein Klempner kraxelt den Großteil seines Tages auf bzw. an Häusern herum. Dort verkleidet er vorwiegend Dachflächen, Fassaden und Schornsteine mit Blechen oder montiert Regenrinnen. Da solche Arbeiten nicht geräuschlos vonstatten gehen, kann es hin und wieder vorkommen, dass sich ein Anwohner vom Krach belästigt fühlt. In Wenzel Müllers komischer Oper *Die unruhige Nachbarschaft* handelt es sich um den Mieter Baarfuß, dessen Schönheitsschlaf durch einen Handwerker empfindlich gestört wird. Allerdings steht der Poet mit seiner Meinung ziemlich allein da. Es dürfte sowieso deutlich nach 7 Uhr sein, da alle anderen Mieter bereits auf den Beinen sind. Demzufolge wäre Baulärm ohnehin erlaubt. Doch Baarfuß regt sich nicht über das Gehämmer von Klämpferer Meister Stöpfel – zweiter Stock, links – auf, sondern über die Gesänge des Tischlermeisters Simon, aus dem Parterre, ebenfalls links. Schuster Pfrien und Schlosser Ambos stehen auf der Seite ihres Nachbarn Simon: Mit einem flotten Lied würde die Arbeit nun mal leichter von der Hand gehen. Und wer, bitte schön, sagt denn, dass man dazu immer das Radio einschalten müsse? Am Abend geht Baarfuß ins Wirtshaus, um den Ärger auf seine Weise zu vergessen – mit sechs Maß Bier. Als er mitten in der Nacht grölend das Haus betritt, wird er von den wachgewordenen Bewohnern für einen Einbrecher gehalten. Nachdem klar ist, dass es nur falscher Alarm war, lädt Meister Simon alle zur demnächst stattfindenden Hochzeitsfeier ein – und legt sich wieder schlafen.

Diese Gewerke auch hier:

Pangdich, *Blechschläger*, in *Schneider Wibbel* von M. Lothar
Ein Installateur in *Stern über Amsterdam* von C. v. Lunen
Konrad Nachtigall, *Spengler*, in *Die Meistersinger von Nürnberg* von R. Wagner

Gib mir die Farben!
Maler, Lackierer und Tapezierer

Die Malerei beweist, wie fließend der Übergang vom Handwerk zur Kunst sein kann. Denn wer setzt die Ideen des Bühnenbildners schlussendlich in die Tat um? Wer gestaltet in der Werkstatt die Kulissen, bemalt Stoffe, besprüht Requisiten, lackiert Plastiken? Für all diese Dinge gibt es am Opernhaus den Bühnenmaler. Er fertigt Entwürfe, Modelle, Schriften, Ornamente, Kopien, Imitate, Zeichen und Zeichnungen an, er bearbeitet Oberflächen und Untergründe, mischt Farben und stimmt sie auf die Beleuchtung ab. Zwar gilt die Bühnenmalerei als eigenständiger Fachbereich des Malerberufs, doch es gibt bis heute keinen Meisterabschluss für diesen Ausbildungsweg. Dabei ist das Malen für die Bühne vermutlich schon so alt wie das europäische Theater selbst. Bereits im antiken Griechenland und in römischen Arenen sollen bemalte Dekorationen zum Einsatz gekommen sein.

*

Apropos Rom: Dorthin entführt uns Giacomo Puccini in seiner Oper *Tosca*. Im ersten Akt machen wir Halt an der Basilika Sant'Andrea della Valle. In ihr sehen wir rechts eine Kapelle, links ein Malergerüst, auf das ein gewisser Mario Cavaradossi steigt. Er nimmt zum Schein eine Farbpalette in die Hand und pinselt in einem Gemälde herum, dabei wissen Sie ja jetzt, dass die darauf abgebildete Maria Magdalena in Wirklichkeit vom Bühnenmaler stammt. Auftritt der Sängerin Floria Tosca! Die Diva tut das, was Diven nun mal am besten können – rumzicken. Es geht ihr nicht um mehr Handtücher in der Garderobe oder um eine höhere Abendgage: Die gemalten Augen würden ja aussehen wie die der Marquise Attavanti. Mit einschmeichelndem Tenor gelingt es Cavaradossi, die Sopranistin von ihrer Palme herunterzuholen, zumindest vorerst. Tosca verlässt die Kirche, bald gefolgt von Cavaradossi, zusammen mit dem früheren Konsul Cesare Angelotti. Dieser ist zu Beginn der Handlung aus dem Gefängnis geflohen, was nun den grimmig dreinschauenden Polizeipräsidenten Scarpia auf den Plan ruft. Mit einem gefundenen Fächer kann er die Eifersucht Toscas erneut anstacheln. Als sich die Sängerin wutschnaubend zur Villa ihres Freundes begibt, um diesen in flagranti mit der Marquise zu ertappen, lässt Scarpia sie verfolgen. Im zweiten Akt besuchen wir den Palazzo Farnese, in welchem heute die französische Botschaft ihren Sitz hat. Der Polizeipräsident wartet im Büro auf seine Ermittler, die kurz darauf den festgenommenen Cavaradossi präsentieren. Weil dieser angeblich nichts über den Verbleib Angelottis weiß, wird er zur Seitenbühne weggezerrt, an der bereits die Maskenbildnerin mit ihren Folterinstrumenten steht. Aufgrund der Schreie aus dem Nebenzimmer zeigt sich die nun vorgeladene Tosca deutlich kooperativer. Nach ihrer Aussage leitet der Polizeipräsident augenblicklich einen Großeinsatz zur Ergreifung Angelottis ein, der sich dieser durch Selbstmord entzieht. Anschließend ordnet Scarpia die Exekution Cavaradossis wegen dessen regimekritischer Äußerung an. Tosca knipst ihre Prada auf und fragt den Polizeichef, was das Leben des Malers kosten würde. Scarpia pariert, dass sie dafür schon mehr öffnen müsse als nur ihr Abendtäschchen, und lockert seinen zu engen Hemdkragen. Tosca geht unter der Bedingung eines Passierscheins für zwei Personen auf den unmoralischen Handel ein. Doch durch ein von Scarpia achtlos liegengelassenes Messer bekommt das Wort Bestechung eine ganz andere Bedeutung. Unsere Besichtigungstour endet am frühen Morgen auf der Engelsburg, wo wir der standrechtlichen Erschießung des Malers beiwohnen. Die mittlerweile völlig übernächtigte Tosca schafft daraufhin den Absprung.

*

In einer „berlinischen" Geschichte von E.T.A. Hoffmann trifft der Maler Edmund Lehsen *Die Brautwahl*. Hinter der Figur steckt Hoffmanns Freund Wilhelm Hensel, der sich dafür auf seine Weise bedankte – mit einer (heute sehr berühmten) Zeichnung des Dichters. Aus der Novelle hat Ferruccio Busoni eine musikalisch-phantastische Komödie mit folgendem Inhalt komponiert: Der junge Edmund lernt die Tochter des Kommissionsrats Voswinkel kennen und lieben. Allerdings ist Albertine schon längst dem Kanzleisekretär Thusmann versprochen. Schließlich meldet sich mit dem millionenschweren Baron Bensch der dritte Bewerber. Der Goldschmied Leonhard springt dem Maler zur Seite, indem er dem Brautvater erzählt, dass Edmund demnächst eine Erbschaft erwarte. Voswinkel legt sich inoffiziell für den Maler fest, will es aber nach außen hin durch ein Losverfahren fair erscheinen lassen. Während eine grinsende Assistentin drei Kästchen hereinrollt, nehmen die Herren auf dem Sofa Platz. Als erster fängt Thusmann an, der in seinem Kästchen einen, na, sagen wir mal, Büchergutschein vorfindet. Er freut sich aber trotzdem. Nun ist Baron Bensch an der Reihe, der aus seinem Kästchen eine Tasche zieht, die Kupferdrähte in Goldbarren verwandeln kann. Folglich liegt in Edmunds Kästchen ein Bild von Albertine. Somit hat jeder der drei das heimlich Ersehnte erhalten.

Diese Gewerke auch hier:

Fritz Braun, Tapezierer, in *Die Braut* von D.-F.-E. Auber
Bühnenmaler in *Kapitän Jinks* von J. Beeson
Salvini, ein italienischer Maler, in *Adelson und Salvini* von V. Bellini
Ein Maler/ ein Neger in *Lulu* von A. Berg
Osvald, Maler, in *Gespenster* von A. Bibalo
Der Maler als Marquis, Oper von C. Binder
Marie Weniger, Porzellanmalerin, in *Mondnacht* von J. Bittner
Alidoro/Floridano, junger Maler, in *Orontea* von A. Cesti
Ein Maler in *Louise* von G. Charpentier
Florindo, ein Maler aus Genua, in *Elisa oder Die Reise auf den Großen St. Bernhard* von L. Cherubini
Monsieur de Crotignac, ein Pariser Maler, in *Der Pariser Maler* von D. Cimarosa
Erik Refstrup, Maler, in *Fennimore und Gerda* von F. Delius
Ein Maler in *Helle Nächte* von M. Eggert
Titorelli, Maler, in *Der Prozess* von G. v. Einem
Erwin Doorn, ein junger Maler, in *Das verzauberte Ich* von O. Gerster
Vertigo, ein Maler, in *Die unverhoffte Begegnung* von C.W. Gluck
Hermann Swanefeld, Maler, und *Peter, Farbenreiber*, in *Quintin Messis der Schmied von Antwerpen* von K. Goepfart
Zacharija der Maler, Oper von M. Goleminov
Salvatore Rosa, ein Maler, in *Salvator Rosa* von C. Gomes
Arnold, ein Maler, in *Germelshausen* von H. Grimm
Basil Hallward, ein Maler, in *Dorian Gray* von R. Hanell

Helen, Malerin, und *Mr. Behrman, ein gescheiterter Maler,* in *Westlich des Washington Square* von A. Henderson
Martin, ein Maler, in *Fanchon oder das Leyermädel* von F.H. Himmel
Mathis, Maler, in *Mathis der Maler* von P. Hindemith
Lhotsky, Maler, in *Osud* von L. Janáček
Mazal, ein Maler, und *Ein Maler* in *Die Ausflüge des Herrn Brouček* von L. Janáček
Der alte Maler, komische Oper von F. Kauer
Rembrandt van Rijn und *Maerten Kretzer, Maler,* in *Rembrandt van Rijn* von P. v. Klenau
Frans Hals, niederländischer Maler, und *van Dyk, ein berühmter Maler,* in *Frans Hals* von J. Koetsier
Giovanni Bracca, ein Maler, in *Violanta* von E.W. Korngold
Frederigo, Maler, in *Die Alpenhütte* von C. Kreutzer
Vincent van Gogh, Maler, in *Vincent* von R. Kunad
Murillo, ein Maler, und *Pedro de Moya, Soldat und Maler,* in *Murillo* von F. Langer
Marcello, Maler, in *La Bohème* von R. Leoncavallo
Hans, ein Maler, in *Rappelkopf* von M. Lothar
Flamen, ein Maler, in *Lodoletta* von P. Mascagni
Cerberti, ein Maler, in *Ein Wahnsinn* von É.-N. Méhul
Francisco Goya, Maler, in *Goya* von G.C. Menotti
Der Maler Veri, Volksstück mit Gesang von C. Millöcker
Albrecht Dürer, Maler, in *Herrn Dürers Bild oder Madonna am Wiesenzaun* von J. Mraczek
Ein Maler in *Der böse Geist Lumpazivagabundus* von A. Müller sen.
Eshi, der Maler, in *Eshi* von A. Nishimura
Guido und *Mosca, Maler,* in *Meister Guido* von H. Noetzel

GIB MIR DIE FARBEN!

Juan Carmona, Maler, in *Der Goldschmied von Toledo* von J. Offenbach
Ein Maler in *Schuld und Sühne* von E. Petrovics
Wladimir, Maler, in *Peter der Erste* von A.P. Petrow
Gennaro, ein Maler, in *Maddalena* von S.S. Prokofjew
Marcello, Maler, in *La Bohème* von G. Puccini
Rabonnier, ein Maler, in *Die Schwalbe* von G. Puccini
Vincent van Gogh, Maler, in *Vincent* von E. Rautavaara
Schädler und *Anton, Glasmalermeister,* in *Und Pippa tanzt!* von P. Richter de Rangenier
Pacuvio, Maler, in *Der Prüfstein* von G. Rossini
Conrad, ein junger Maler, in *Das Silberglöckchen* von C. Saint-Saëns
Wolfgang, ein junger Maler, in *Frühlingsnacht* von G. Schjelderup
Carlotta, Malerin, in *Die Gezeichneten* von F. Schreker
Christian, ein junger Maler, in *Sturmnacht* von W. Schultz
Federico, ein Maler, in *Herr Dandolo* von R. Siegel
Cornelius Schut, Frans Hals und *Joos van Craesbeeck, Maler,* in *Cornelius Schut* von A. Smareglia
Wakula, Schmied und Maler, in *Wakula der Schmied* von P.I. Tschaikowski

Hinter der Bühne:

Mit *Signor Formica* setzte E.T.A. Hoffmann dem Maler Salvator Rosa ein literarisches Denkmal. Aus dieser Novelle entstammt Pitichinaccio, der Diener Giuliettas in Jacques Offenbachs *Hoffmanns Erzählungen.*

Das bisschen Haushalt
Wäscher, Textil- und Gebäudereiniger

Zu den Aufgaben eines Gebäudereinigers gehört auch das Wischen von Böden. Jede Hausfrau weiß, was man dazu benötigt: Einen Eimer Wasser, einen Schrubber und einen norddeutschen Feudel bzw. süddeutschen Putzlumpen, westdeutschen Aufnehmer oder ostdeutschen Scheuerlappen. Oder man greift gleich zur komfortableren Version, dem Wischmopp. Das Zeigen dieser Tätigkeit auf einer Opernbühne sorgte in den 80er-Jahren für einen der größten Skandale in der deutschen Theatergeschichte. In Frankfurt am Main schickte Regisseur Hans Neuenfels Giuseppe Verdis *Aida* als raumpflegende Fachkraft an den ägyptischen Hof. Doch wie das bei Skandalen immer so ist: Heute spricht man von einer Kult-Inszenierung, die zu einer kritischen Neubewertung von *Aida* führte und eine ganze Generation von Regisseuren nachhaltig beeinflusste; so etwa Andreas Homoki, der dem Mädel an der Staatsoper Hannover Blecheimer und Staubsauger in die Hand drückte, was 2001 abermals zum kraftvollen Buhsturm taugte. Vielleicht lag es aber auch gar nicht an der Regie, sondern an den Reinigungskünsten der Sopranistin. Dabei gibt es mit Anna Netrebko tatsächlich eine Opernsängerin, die zunächst die Ränge und Foyers des St. Petersburger Mariinski-Theaters sauber hielt, von dem aus sie später ihre Weltkarriere startete. Zum Dank dafür kehrt Netrebko auch heute noch gern, zumindest hin und wieder, ans Haus zurück, um zu singen. Zum Repertoire der schönen Russin zählt auch die Musetta aus Giacomo Puccinis *La Bohème*. Hinter der Rolle verbirgt sich eine Pariser Grisette, dem weiblichen Pendant zum männlichen Bohémien. Zwar stammt der Name von einem grauen Wollstoff, der häufig als Kleid von ihr getragen wurde, aber begrifflich kommt die Grisette aus der französischen Literatur und bezeichnet eine junge, unverheiratete Dame, die ihr Einkommen u.a. als Wäscherin bestreitet.

*

Wenn sich nach einundachtzig Takten der Vorhang zu Gaetano Donizettis Oper *Der Liebestrank* hebt, befinden wir uns in einer dörflichen Gegend im Baskenland. Im Hintergrund sieht man Berge, Getreidefelder und einen Wald. Vorne rechts wurde zwischen zwei Buchen eine Leine gespannt, an der frische Wäsche baumelt, und hinten links stehen vor einem Brunnen mehrere Eimer und Wäschekörbe. Dort sind Gianetta und der Damenchor gerade damit beschäftigt, die vollgeschwitzten Kostüme der gestrigen Vorstellung zu reinigen. Nur Adina, die sich als Dorfschönste keine Spülhände leisten kann, drückt sich mit der Lektüre von *Tristan und Isolde* erfolgreich vor der Arbeit. Die Waschmädchen nehmen das nicht weiter krumm, schnappen sich die trockenen Klamotten von der Leine und gehen ab. Kurze Zeit später taucht ein Vertreter im Arztkittel auf, der seinen gewöhnlichen Bordeaux als Breitspektrum-Medizin anpreist. Man könne damit Falten glätten, asthmatische, rheumatische sowie hysterische Leiden lindern, aber auch Wanzen und Motten vertreiben, ja, sogar Zahnschmerzen. Sie sehen also: Placebos gab es schon immer. Aber dieses hier schmeckt zumindest. Und demzufolge verkauft es sich auch. Besonders gut schlägt der Rotwein beim Bauer Nemorino an, der am Ende der Oper Adina für sich gewinnen kann. Nun ja, ein wenig hat

Gianetta mit dem Gerücht geholfen, dass Nemorinos reicher Onkel gestorben sei. Als die Wäscherinnen daraufhin beim Tenor Schlange stehen, schiebt er das auf die Wirkung des Wundermittels.

*

Die aus dem Elsass stammende Wäscherin Catherine Hübscher schaffte mittels Eheschließung den gesellschaftlichen Aufstieg und erhielt von Napoleon den Titel „Herzogin von Danzig". Bekannt wurde sie vor allem durch das Bühnenstück *Madame Sans-Gêne* von Victorien Sardou, dem Autor von *Tosca*. Es gibt davon eine Verfilmung mit der damals blutjungen Sophia Loren (*Ungezähmte Catherine*) und eine Oper aus der Feder von Umberto Giordano, die 1915 an der New Yorker Metropolitan Opera unter der Leitung von Arturo Toscanini uraufgeführt wurde. Zum ersten Akt: Catherine und ihre Angestellten Toniotta, Giulia und La Rossa sind in der Pariser Wäscherei gerade mit dem Bügeleisen zugange, als der zukünftige Polizeiminister Fouché das Geschäft betritt. Da ihn die Chefin überhaupt nicht mag, kümmert sie sich lieber um einen Offizier, der gleich bei ihr um die Ecke wohnt und Napoleon Bonaparte heißt. Kurz darauf bimmelt erneut die Ladenglocke und ein verletzter österreichischer Graf bittet um ein Versteck, das ihm Catherine freundlicherweise zur Verfügung stellt. Zuletzt schaut ihr Freund Lefèbvre vorbei, der sich über die geschlossene Tür wundert. Er findet den Österreicher, erkennt die gute Absicht seiner Verlobten und hilft dem Verletzten bei der späteren Flucht. Im zweiten Akt steht Napoleon im Zenit seiner Macht. Lefèbvre, der Catherine inzwischen geheiratet hat, wird von ihm aufgrund einer erfolgreichen Schlacht zum Herzog von Danzig und Marschall von Frankreich ernannt. Gleichzeitig wird er aufgefordert, sich von seiner impulsiven Ehefrau scheiden zu lassen. Als ihr bei einem Empfang zwei Schwestern Napoleons dumm kommen, reißt Catherine endgültig der Geduldsfaden. Da die Situation in Handgreiflichkeiten eskaliert, wird die Herzogin vom Haushofmeister zum kaiserlichen Rapport bestellt. Bonaparte befiehlt ihr kühl, dass sie dieses Leben hinter sich zu lassen habe. Die ehemalige Wäscherin erinnert ihn an die früheren Jahre, was seine Wirkung nicht verfehlt. Darüber hinaus ringt sie ihm das Versprechen ab, den mittlerweile aufgegriffenen Grafen nicht zu erschießen. Madame Sans-Gêne verlässt den Schauplatz am Arm Napoleons, der von ihrer Intelligenz völlig geplättet ist.

Diese Gewerke auch hier:

Frau Hummelbergerin, Wäscherin, und *Jeanette*, *Nanni* und *Lini*, Wäschermädchen, in *Harfenist und Wäschermädel* von C. Binder
Eine Wäscherin in *Der Prozess* von A. Colla
Wäscherinnen in *Veritas* von O.-F. Dieck
Gervaise Macquart, Wäscherin, sowie *Clemente* und *Frau Putois*, zwei Büglerinnen, in *Gervaise Macquart* von G. Klebe
Vier Wäscherinnen in *Die Ausgestoßene* von S. Lazzari
Eufemia, eine Büglerin, in *La Bohème* von R. Leoncavallo
Hutzibutz, Kleiderputzer, in *Das Haus der Temperamente* von A. Müller sen.
Mutter Bünzlin, Waschfrau, in *Die drei gerechten Kammmacher* von C. v. Pászthory
Martha, Wäscherin, in *Peter der Erste* von A.P. Petrow
Bozena, Wäscherin, in *Uldarich und Bozena* von F. Škroup

Eine Wäscherin in *Eli* von W. Steffens
Die Wäschermädeln, Wiener Lokalbild von F. v. Suppé
Die Wäscherinnen, Intermezzo von F. Zannetti

Schall und Rauch
Schornsteinfeger

Nicht nur die Oper kommt aus Italien, sondern auch der Schornsteinfeger. Als die Wiege dieses Handwerks gilt das Valle Vigezzo, ein Tal nahe dem Lago Maggiore im Norden des Landes. Vor etwa 500 Jahren brachen von dort Kaminfegerjungen auf, um in ganz Europa ihre Dienste anzubieten. Zur Uniform gehören bis heute der Koller – eine kragenlose Jacke mit goldfarbenem Knopfbesatz – und der schwarze Zylinder. Schornsteinfeger waren früher Teil des Hofstaates und durften deshalb, anders als die übrigen Handwerker, diese extravagante Kopfbedeckung tragen. Und so ein Zylinder sieht ja nicht nur schmuck aus: Man kann Stifte oder das Frühstück in ihm verstauen, er schützt beim Ausstieg durch die Dachluke vor Regen, und er kann leer auf dem Herd abgestellt werden, um wenig später das Trinkgeld darin vorzufinden. Dieser Kreis schließt sich mit dem Ofenrohrhut. Der Zylinder, der seinen Namen aufgrund der senkrechten Seiten erhielt, war bei den Amerikanern äußerst beliebt, zumindest kurzzeitig. Dass das Berühren eines Schornsteinfegers Glück bringen soll, ist zwar auch ein alter Hut, doch der ist nie aus der Mode gekommen.

*

Fangen wir ganz klein an und zwar mit Benjamin Brittens *Der kleine Schornsteinfeger*. Dieser hat erst im dritten Akt von *Wir machen eine Oper* seinen Auftritt; der erste und zweite Akt sind pädagogischer Natur und als reines Schauspiel entworfen. Wie es der Titel bereits verrät, geht es um die Entstehung einer Oper.

Zunächst liest die Haushälterin die Schornsteinfeger-Geschichte von Charles Dickens vor und die Kinder entscheiden, spontan eine Oper daraus zu machen. Im Anschluss wird diese dann geprobt. Dabei wird das Publikum wiederholt zum Mitspielen und -singen aufgefordert. Oftmals taucht in den Spielplänen auch nur die Kinderoper auf. Es geht um den kleinen Sam Sparrow, der von seinem mittellosen Vater an den Schornsteinfeger Black Bob verkauft wird. Dieser lässt ihn gleich zu Beginn durch einen viel zu engen Schornstein krabbeln. Als Sam stecken bleibt, eilen ihm die Kinder des Hauses zu Hilfe. Sie befreien und waschen den kleinen Schornsteinfeger und verstecken ihn vor dem grimmigen Kindermädchen. Am Ende steigt Sam in einen Koffer, der von den Kindern zur Familie Crome getragen wird. Dort findet er ein neues, schöneres Zuhause.

*

Einer beliebten Redensart zufolge soll sich Räucherware länger halten. Ob das auch für Schornsteinfeger und Kettenraucher gilt, sei mal dahingestellt, aber auf Wurst trifft es auf alle Fälle zu. Die Wurst, von der ich jetzt erzählen möchte, hat sogar einen Vornamen – Hans. Hanswurst war eine seit dem 16. Jahrhundert populäre Figur, die mit bäuerlichem Charme und derbem Humor vorzugsweise Jahrmärkte und Wanderbühnen aufmischte. Heute kennen wir ihn höchstens noch als Schimpfwort – zu Unrecht, wie Sie feststellen werden. In dem deutschsprachigen Singspiel *Die Feuersbrunst* verhilft ihm Joseph Haydn zu einer Anstellung als Rauchfangkehrer. Das Werk galt als verschollen, bis sich 1935 ein Mitarbeiter der Universität Yale auf einen Einkaufsbummel nach Paris begab und mit einem Packen alter Noten zurückkehrte. Wurstel kam in eine

Mappe, ließ sich brav archivieren und musste dann noch weitere 25 Jahre in der Musikbücherei vor sich hinschmoren, bevor er von einem Historiker befreit wurde. Im Kern geht es um eine Dreiecksgeschichte zwischen Wurstel, der Dorfmieze Colombine und dem Schönling Leander. Laut der Opernstatistik schwärmen Soprane ja eher für Tenöre, was folglich bedeuten würde, dass Hanswurst als Bass den Kürzeren zieht. Aber denkste! Die Arie eines Geistes entzündet das Haus von Colombines Vater, wodurch sich die gesamte Mitgift in Rauch auflöst. Daraufhin macht sich Leander aus dem Staub und Colombine erkennt Wurstels wahren Wert.

*

In Marcos António Portugals Einakter *Der Schornsteinfeger* setzt ebenjener eine Verwechslungskomödie in Gang, wie man sie aus den späteren Buffo-Opern von Gioachino Rossini kennt. Alles beginnt mit dem falschen Schlot, in welchen Pierotto klettert. Unten angekommen muss er feststellen, dass er nicht in der Küche, sondern im Ankleidezimmer des Marchesen gelandet ist. Dessen Kämmerer hat gerade die Garderobe für den heutigen Tag bereitgelegt. Pierotto wäscht sich, probiert die Klamotten spaßeshalber mal an und trinkt auch gleich den angerichteten Frühstückskakao aus. Der ist aber noch so kochend heiß, dass sich Pierotto die Gusche verbrennt. Mit seinem schmerzverzerrten Gesicht und der Hand vor dem Mund, wird er vom plötzlich erscheinenden Sekretär für den Marchese gehalten. Er übergibt Pierotto 100 Dublonen, die der Marchese seiner Verlobten Donna Flora ausleihen möchte. Besorgt fragt der Sekretär, ob er Zahnschmerzen habe und einen Arzt herbeirufen soll. Als Antwort erhält er nur schlecht zu entzifferndes

Gemurmel, das er aber als ja wertet. Nach dem Abgang des Sekretärs kreuzt die Kammerzofe Rosina auf, die Pierotto ebenfalls nicht erkennt und die Ankunft von Donna Flora ankündigt. Da der Schornsteinfeger schon lange auf Rosina scharf ist, spendiert er ihr einen Ring des Marchesen. Die Kammerzofe springt freudestrahlend zur Tür hinaus, durch welche nun Donna Flora hereinkommt. Pierotto weiß sich nicht anders zu helfen und reicht ihr den zweiten Ring, was diese als Heiratsantrag interpretiert. Nun muss sich der Schornsteinfeger langsam verdrücken, denn immerhin hat er 100 Dublonen veruntreut und zwei teure Ringe verschenkt. Pierotto ergreift seine Arbeitskleidung und schließlich die Flucht. Auftritt des echten Marchesen! Er hat weder seine Sachen noch den Schmuck, geschweige denn die 100 Dublonen vorgefunden und stellt jetzt den Kämmerer und den Sekretär zur Rede. Die aber können sich das Verhalten ihres Chefs nur mit Halluzinationen erklären, welche vermutlich durch die Zahnschmerzen ausgelöst wurden. In diese Szene platzen Rosina und Donna Flora, die mit dem jeweiligen Ring am Finger keinen sinnvollen Beitrag zur Aufklärung des Ganzen leisten. Das Gegenteil ist eher der Fall. Als dann auch noch der Zahnarzt vorbeischaut, der die Behauptung des Marchesen, gar keine Schmerzen zu haben, für Angst vor der Behandlung hält, ist das Chaos perfekt. In dem Moment kehrt Pierotto reumütig zurück und bekennt sich schuldig. Am Ende ist es aber Rosina, die das alles ausbaden darf, indem sie den Schornsteinfeger heiraten muss.

Dieses Gewerk auch hier:

Ein Schornsteinfeger in *Der Teufel holt sie!* von A. Benjamin
Ein Rauchfangkehrer in *Höllenangst* von M. Hebenstreit

SCHALL UND RAUCH

Volpino, ein Schornsteinfegergeselle, Herr Tomaso, ein Schornsteinfegermeister, weitere Gesellen und Lehrjungen des Schornsteinfegermeisters in *Der Rauchfangkehrer* von A. Salieri
Ein Schornstein und *Stimme aus dem Schornstein* in *Eli* von W. Steffens

Ein Ring, sie zu knechten
Gold- und Silberschmiede

Es sollte für alle Handwerker, die Schmuck und andere Gegenstände aus Edelmetallen herstellen, keine wirkliche Überraschung sein: In den Mythen ist der Ring zumeist mit negativen Attributen behaftet. Er steht unverkennbar dafür, Macht zu haben: Macht über ein einzelnes Individuum oder alles und jeden. Wer sich des Rings (mit Gewalt?) bemächtigt hat, ist fortan ein Getriebener, weil er nichts mehr fürchtet, als seine Macht wieder zu verlieren. Zudem steht ein solcher Ring auch immer für Besitz, also materiellen Wert, und damit im krassen Gegensatz zum Symbol der Liebe und Verbundenheit – dem Ehering.

*

In der Oper kann das kein Werk besser erzählen als Richard Wagners Bühnenfestspiel *Der Ring des Nibelungen*. Im sogenannten Vorabend, dem *Rheingold*, tauchen wir während eines berauschenden Es-Dur-Vorspiels auf den Grund des Rheins. Dort lernen wir drei planschende Jungfrauen kennen, die Rheintöchter Woglinde, Wellgunde und Floßhilde. Der aus einem Loch gekrabbelte Zwerg Alberich verfolgt den 100-Meter-Freistil der Damen mit sichtlich wachsendem Interesse. Diese lassen sich zwar gern von ihm angucken, aber anfassen? Nein, das geht dann doch zu weit. Alberich darf also nicht mitspielen, wird stattdessen für sein Äußeres gehänselt. So sieht ihm beispielsweise Wellgunde in die Badehose und meint: „Pfui! Du haariger, höckriger Geck! Schwarzes, schwieliges Schwefelgezwerg!" Während Alberich vor Wut fast platzen könnte, fängt in der Bühnenmitte etwas an zu funkeln. Es ist das Rheingold, für dessen Bewachung die Schwimmerinnen eigentlich zuständig sind. Wellgunde plappert unbekümmert drauflos: „Der Welt Erbe gewänne zu eigen, wer aus dem Rheingold schüfe den Ring, der maßlose Macht ihm verlieh", worauf Woglinde ergänzt: „Nur wer der Minne Macht entsagt, nur wer der Liebe Lust verjagt, nur der erzielt sich den Zauber, zum Reif zu zwingen das Gold". Alberichs Ohren werden immer größer. Da er mit der Liebe kein Glück hatte, greift er sich das Gold und verzieht sich in Richtung Nibelheim. Dort angekommen, schmiedet Alberich den Ring, zwingt seinen Bruder Mime zur Fertigung eines Tarnhelms und herrscht fortan grausam über die Nibelungen – die eine mittelgroße Goldschmiede bevölkern und mit ihrem lauten Hämmern die Opernhäuser in die Kosten treiben, weil viele Schlagzeuger dazu gebucht werden müssen. Das bleibt der göttlichen Weltpolizei, die zufälligerweise gerade ein finanzielles Problem hat, nicht verborgen. Alberich erhält folglich Besuch von Wotan und Loge, die ihn bei seiner Eitelkeit packen und ihm dadurch alles wieder abnehmen. Daraufhin verflucht der Zwerg den Ring: „Wer ihn besitzt, den sehre die Sorge, und wer ihn nicht hat, den nage der Neid!" Bis zum Ende der *Götterdämmerung*, am vierten Opernabend nach *Walküre* und *Siegfried*, häuft sich ein stattlicher Berg Leichen an. Erst dann hält Floßhilde den Ring triumphierend in die Höhe, wodurch der ursprüngliche Zustand wiederhergestellt wird.

*

Auch die Schmuckstücke von *Cardillac* scheinen mit einem Fluch beladen zu sein. In der gleichnamigen Oper von Paul

Hindemith, die auf E.T.A. Hoffmanns Erzählung *Das Fräulein von Scuderi* basiert, werden die Kunden des Pariser Goldschmieds immer kurz nach ihrem Einkauf um die Ecke gebracht. Das nächste Opfer ist ein Kavalier, der für seine Dame einen mit Edelsteinen besetzten goldenen Gürtel erworben hat. Genau in dem Moment, als die Beschenkte ihrem Liebhaber um den Hals fällt, stürzt eine verhüllte Gestalt ins Zimmer, die den Kavalier ersticht, das Accessoire an sich reißt und wieder verschwindet. Als Cardillacs Tochter einen Offizier heiraten möchte, will dieser bei seinem Schwiegervater in spe eine goldene Kette für die Braut kaufen. Der Goldschmied bittet inständig, davon Abstand zu nehmen, doch der Offizier wirft ihm einfach das Geld vor die Füße und verschwindet mit dem Collier. Einen Akt später wird auf den Bräutigam ein Mordanschlag verübt. Am Ende der Geschichte gesteht Cardillac öffentlich seine Taten und stirbt. In der Psychologie bezeichnet das Cardillac-Syndrom die Unfähigkeit eines Künstlers, sich von seinen Werken trennen zu können.

Dieses Gewerk auch hier:

Benvenuto Cellini, florentinischer Goldschmied und Bildhauer, und *Ascanio, sein Lehrling,* in *Benvenuto Cellini* von H. Berlioz
Leonhard, Goldschmied, in *Die Brautwahl* von F. Busoni
Ein Goldschmied in *Helle Nächte* von M. Eggert
Gilbert, ein Ziseleur, in *Maria Tudor* von A.C. Gomes
Eléazar, Goldschmied, in *Die Jüdin* von J.F. Halévy
Miroslav der Goldschmied in *Die Ausflüge des Herrn Brouček* von L. Janáček
Angelo, Goldschmied, in *Wirrwarr in Ephesos* von I. Krejčí
Steffen, Goldschmiedemeister, in *Hans Sachs* von A. Lortzing

Der Goldschmied von Ulm, romantisches Volksmärchen von H. Marschner
Der Goldschmied von Paris, Oper von E. Moór
Heinrich der Goldschmidt, romantische Oper von A. Müller jun.
Francisco Malaveda, Goldschmied, in *Der Goldschmied von Toledo* von J. Offenbach
Heinrich Wildenbrandt, Goldschmied, in *Türmers Töchterlein* von J.G. Rheinberger
Der Goldschmied in *Aladin und die Wunderlampe* von N. Rota
Benvenuto Cellini, ein berühmter Goldschmied, in *Ascanio* von C. Saint-Saëns
Franz, Goldschmiedgeselle, in *Faust* von L. Spohr
Angelo, ein Goldschmied, in *Komödie der Irrungen* von S. Storace
Veit Pogner, Goldschmied, in *Die Meistersinger von Nürnberg* von R. Wagner
Friedrich, Silberschmied, in *Meister Martin der Küfer und seine Gesellen* von W. Weißheimer

Tarata-Ting, Tarata-Tong
Uhrmacher

Die schönen Stunden gehen viel zu schnell vorbei. Oder auch nicht. Denn wenn man in der Oper auf die Uhr sieht, ist das ja eher ein Zeichen dafür, dass es nicht schnell genug vorbeigehen kann. Auch ich habe schon in einigen Barockopern nach zwei Stunden verstohlen auf mein linkes Handgelenk geschielt – dabei waren erst zehn Minuten vergangen. Wie lautet nochmal ein in der angelsächsischen Welt vielzitierter Spruch? „Solange die dicke Frau noch nicht gesungen hat, ist die Oper nicht zu Ende." Freilich ein Klischee, haha, aber ein kleines Körnchen Wahrheit steckt halt doch darin. Eine Besonderheit beim Thema Zeitgefühl bildet die Fünf-Minuten-Uhr in der Dresdner Semperoper. Wer eine Vorstellung im Sächsischen Traditionshaus besucht, sollte gleich mehrere Blicke auf das Schmuckstück werfen, welches sich über der Bühnenmitte befindet. Im rechten Feld wechseln die Minuten in Fünferschritten – arabische Ziffern – von oben nach unten, hingegen drehen sich die Stunden im linken Feld – römische Zahlen – von unten nach oben. Entworfen hat dieses Kuriosum der Dresdner Uhrmacher und Hofmechanikus Friedrich Gutkaes. Trotz der Brandkatastrophe 1869 und der Zerstörung im Zweiten Weltkrieg wurde die Semperoper immer mit rekonstruierter Fünf-Minuten-Uhr wiederaufgebaut. Obwohl die ersten Uhrmacher noch Schlosser und Schmiede waren und sich ihre Kunst zum Kunsthandwerk erhob, tauchen die Feinmechaniker zumeist selten in Opernwerken auf. Als musikalischer Anwalt der Zunft gilt der Komponist des Orchesterstücks

Boléro, Maurice Ravel, welcher von Igor Strawinski aufgrund seiner mechanisch klingenden Vertonungen einmal spöttisch als „Schweizer Uhrmacher" betitelt wurde.

*

Seine zweite Oper *Das Kind und der Zauberspuk* bezeichnete Maurice Ravel als „Lyrische Fantasie". Der Grund dafür liegt im Handlungsort, welcher nach nur wenigen Minuten von der realen Welt in die Seele eines Kindes wechselt. Für den dort stattfindenden Zauberspuk ist eine eigene Vorstellungskraft durchaus nützlich, wenn nicht sogar erforderlich. Zumindest werden diejenigen leer ausgehen, die das Werk nur oberflächlich nach einem Handwerker abgrasen. Wer aber bereit ist, die Ohren zu spitzen und das Stück mit den Augen eines Kindes zu betrachten, wird das Handwerk des Uhrmachers auch sehen und hören können. Also geben Sie sich gefälligst Mühe! Die Geschichte beginnt damit, dass ein Kind trotz Ermahnung der Mutter seine Hausaufgaben nicht gemacht hat und nun mit Stubenarrest bestraft wird. Daraufhin zerschlägt der Junge das Teegeschirr, quält das im Käfig sitzende Eichhörnchen, zieht der Katze am Schwanz, löscht das Feuer im Kamin, reißt das Pendel der Standuhr ab, beschädigt Tapete, Bücher und Schulhefte. Vom Toben müde, will er sich in den Lehnstuhl fallen lassen, der prompt zurückweicht. Die geschundenen Dinge entwickeln ein Eigenleben, fangen an zu singen, sich zu beschweren. So beklagt sich etwa die Uhr mit lautem „Ding, ding, ding!", dass sie nicht mehr wisse, wie spät es jetzt sei. Als Katze und Kater ein Liebesduett vortragen, verschieben sich die Zimmerwände, sodass der Weg in den hinteren Garten frei wird, in welchen das Kind läuft. Doch auch hier fallen einige

Tiere über den Jungen her und er ruft nach seiner Mutter. In dem Getümmel verletzt sich ein kleines Eichhörnchen, das nun aber vom Kind liebevoll versorgt wird. Dieses Zeichen des Mitleids beschwichtigt die Tiere und sie helfen dem Jungen, wieder nach Hause zu kommen.

Wenn die Zahlen in Leporellos Registerarie stimmen, dann hat Mozarts *Don Giovanni* ganze tausendunddrei Spanierinnen glücklich gemacht. Eine unter ihnen dürfte mit hoher Sicherheit Concepción, die Frau des Uhrmachers Torquemada, gewesen sein. Sie nutzt *Die spanische Stunde*, die ihr Maurice Ravel in seiner gleichnamigen Oper einräumt, nämlich nicht, um zu putzen, sondern um mal ordentlich auf den Putz zu hauen. Es ist Donnerstagvormittag, vermutlich nicht sehr früh, denn wir befinden uns immerhin in Spanien, genauer gesagt in der Altstadt von Toledo, die so traumhaft schön ist, dass sie seit 1986 auf der Liste des UNESCO-Weltkulturerbes steht. Torquemada sitzt in seinem Geschäft am Werktisch, umgeben von Glockenschlägen, Kuckucksrufen und dem Ticktack der Uhren, die in Ravels kurzem Vorspiel den Ton angeben. Auf der linken Seite ist die Ladentür, rechts führt eine Treppe hoch zur Wohnung. Im Schaufenster stehen zwei große katalanische Standuhren sowie einige Automaten: ein Kanarienvogel, ein kleiner Hahn und mechanische Musikanten. Soeben betritt der erste Kunde den Laden. Es ist Ramiro, ein Maultiertreiber, der ein Erbstück reparieren lassen möchte. Diese Taschenuhr, so Ramiro, habe einmal seinem Onkel, einem Torero, in der Arena von Barcelona das Leben gerettet. Concepción kommt vom Einkauf zurück und erinnert ihren Ehemann daran, dass er jetzt los müsse, um die städtischen Uhren zu stellen. Daraufhin bittet der Uhrmachermeister seinen Kunden, doch kurz zu warten, in etwa einer Stunde sei er wieder zurück. Das gefällt der Senōrita zwar weniger, da sie gleich einen ihrer beiden Liebhaber erwartet, aber sie hat schon die passende Idee: Kaum ist der Gatte zur Tür hinaus, fragt Concepción den Maultiertreiber, ob er so lieb sei und eine der Standuhren hochtragen würde. Als Ramiro gerade dabei ist, der Bitte nachzukommen, tritt Golzalvo, ein Dichter, auf, den Concepción augenblicklich in der zweiten Standuhr versteckt. Nun ruft sie Ramiro hinterher, dass sie sich geirrt habe und die andere Standuhr ins Schlafzimmer soll. Er kommt dem Wunsch nach, trägt die erste Standuhr wieder nach unten und die zweite nach oben. Die ihm folgende Concepción ist entzückt, nicht zuletzt wegen der Kraft des Maultiertreibers. Nun schaut auch noch der zweite Liebhaber Inigo Gomez, ein Bankier, vorbei, den Concepción mit einer schnellen Handbewegung auffordert, in der ersten Standuhr zu verschwinden. Nachdem sich das Pendel der zweiten Standuhr als Schlappschwanz erwies, muss Ramiro ein weiteres Mal die Uhren austauschen. Doch der Bankier muss am Abend davor zu viele Tapas gegessen haben, denn er kann sich nicht aus dem Uhrkasten befreien. Concepción läuft langsam die Zeit davon. Sie bittet Ramiro, nun auch dieses defekte Messgerät wieder hinunterzutragen und dann schnell zu ihr ins Schlafzimmer zu kommen – ohne Uhr. Bei seiner Rückkehr findet Torquemada zwei Kunden vor, denen er die teuren Standuhren, in denen sie stecken, tatsächlich verkaufen kann. Concepción ist das piepegal. Sie benötigt im Schlafzimmer sowieso keine Uhr mehr, da Ramiro pünktlich jeden Morgen vorbeikommen wird. In diesem buchstäblichen Einakter herrschen Sodom und Gomorrha. Saukomisch ist er trotzdem. Oder gerade deswegen.

Dieses Gewerk auch hier:

Christian Folz, Uhrmachermeister und Bürgermeister von Liebenzell, in *Die Schneider von Schönau* von J. Brandts-Buys
Meister Harprecht, Uhrmacher, in *Der Uhrmacher von Straßburg* von H. Brehme

Im Blitzlichtgewitter
Fotografen

Trommeln gehört zum Handwerk. Das gilt auch für die klassische Musik. Für den Sänger erledigt das seine Agentur; Orchester und Opernhäuser haben ihre Referenten für Öffentlichkeitsarbeit, und wer in der ersten Theaterliga mitspielen möchte, muss sich schon ein Büro für Marketing und den dazugehörigen Pressesprecher leisten. Damit der Medienrummel auch immer in Bewegung bleibt, sollte der Internetauftritt ebenso hip aussehen wie das neue Spielzeitheft oder das Cover der CD. Und dafür benötigt man professionelle Bilder, sprich, den Fotografen. So rückte bereits Jim Rakete die Berliner Philharmoniker ins rechte Licht, konnte André Rival Prominente wie Nadja Auermann, Barbara Schöneberger und Wolfgang Joop als Fotomodell für die Deutsche Oper Berlin gewinnen, ließen 1.700 Münchner freiwillig die Hüllen fallen, um vor Starfotograf Spencer Tunick für die Festspielinstallation *Der Ring* zu posieren. Für eine frühere Aktion Tunicks versammelten sich sogar 5.200 Nackte vor dem Opernhaus in Sydney. Selbstverständlich war der Intendant davon begeistert. Oder können Sie sich noch an den Fotoskandal um die tief dekolletierte Angela Merkel zur Eröffnung des Osloer Opernhauses erinnern? Eine bessere Kampagne kann man sich wahrlich nicht vorstellen. Ob nun der schöne Schnappschuss im Stadttheater oder das große Blitzlichtgewitter in Bayreuth: Manchmal geht es eben doch ums Sehen und Gesehenwerden.

*

Auf der Bühne trifft man Fotografen hauptsächlich dann an, wenn sie während des Probenprozesses Aufnahmen für das Programmheft machen. Oder aber aus der Rolle des Malers wird inszenierungsbedingt ein Fotograf. In der aktuellen *La Traviata*-Produktion des Venezianischen Teatro La Fenice wird Alfredo als Fotograf gezeigt. Im Finale gibt ihm die sterbenskranke Violetta symbolisch eines der vielen Fotos zurück, die Alfredo während der ganzen Handlung über von ihr gemacht hat. Wenn der färöische Bass Rúni Brattaberg singt, steht immer ein Fotograf auf der Bühne. Aber ein echter. Bevor er als Gurnemanz oder Ochs brillierte, schafften es seine Aufnahmen in Bildbände und auf Briefmarken. Die Liebe zur Oper löste ausgerechnet der Fotografie-Lehrer aus, indem er Brattaberg eine Arie aus Verdis *Don Carlos* vorspielte.

*

Von Oslo über die Färöer-Inseln kommen wir nun nach Finnland und damit zum jüngsten Werk dieses Buchs. Erst im Juni 2014 fand die Uraufführung von Hauke Berheides Oper *Der Troll* statt, die auf dem verstörenden Roman der finnischen Autorin Johanna Sinisalo basiert: Nach einer miserabel gelaufenen Fotosession stößt der smarte Werbefotograf Mikael auf dem Heimweg mit einer Gruppe Jugendlicher zusammen, die eine kleine wehrlose Kreatur quälen. Er befreit den Troll aus seiner Not und nimmt ihn mit nach Hause – ohne die Folgen zu bedenken. Zunächst fotografiert er das Wesen, doch nach und nach verändert sich durch den Troll sein Leben. Mikael vernachlässigt seine Arbeit und Freunde, bricht den Kontakt zu seiner Freundin ab, träumt sich in wilde Fantasien hinein und wird schließlich von seinem haarigen Untermieter angegriffen.

Derweil erregen die Fotografien des Trolls großes Interesse. Als Mikael für seine Bilder einen hochdotierten Preis erhalten soll, endet die Verleihung mit einem Eklat. Er beschließt daraufhin, sich des Trolls zu entledigen. Doch dieser lässt sich nicht mehr vertreiben …

Dieses Gewerk auch hier:

Ein junger Fotograf in *Unterhaltung beim Tango oder Die Ameise* von R. de Banfield

Antonios hohes „E"
Geigenbauer und Instrumentenmacher

Es war einmal ein junger Tischlerlehrling, der quasi nebenbei das Handwerk eines Geigenbauers lernte. Später war er der Erste in seiner Familie, der eigene Violinen herstellte. Wie hätte er wohl damals reagiert, wenn man ihm gesagt hätte, dass seine Saiteninstrumente einmal die kostbarsten ihrer Art sein werden, eine todsichere Wertanlage? Oder dass er durch seine Violinen selbst zum Mythos werde, gewissermaßen zum Gott des Himmels voller Geigen? Bis heute beißen sich Historiker und Wissenschaftler an Antonio Stradivari und dem Klang seiner Violinen die Zähne aus. Hat er im lombardischen Cremona 1644 oder 1648 das Licht der Welt erblickt? War er Schüler von Nicola Amati, dem Enkel des großen Geigenbauers Andrea Amati, oder nicht? Und worin liegt nun das Geheimnis seiner virtuosen Instrumente? Im Holz von Fichten, die während der Kleinen Eiszeit in Vollmondnächten gefällt wurden? Im rot pigmentierten Öl-Harz-Lack? Oder doch in der chemischen Behandlung, die dem Holzwurm keine Chance ließ? Es wurde schon so viel experimentiert und analysiert, aber bislang tauchte nach jeder Theorie immer eine weitere auf, die es noch besser wusste. Was ebenfalls zur Legende gehört, ist, dass beinah jede Stradivari ihren eigenen Namen trägt. Isabelle Faust spielt beispielsweise auf „Dornröschen". Deren Eigentümer ist eine deutsche Bank, die das Juwel hoffentlich gut versichert hat. Stradivari-Geigen neigen nämlich dazu, gern mal geklaut zu werden oder anderweitig zu verschwinden. Heute ist Cremona noch immer die Hochburg des europäischen Geigenbaus. Im dort ansässigen Stradivari-Museum kann man die Violine „Clisbee" bestaunen, aber auch einem Geigenbauer beim Werkeln über die Schulter schauen.

*

Aus François Coppées Theaterstück *Der Geigenbauer von Cremona* entstanden gleich zwei Vertonungen. Eine schrieb der ungarische Komponist und Violinist Jenő Hubay, der selbst in Besitz einer Stradivari war, die andere Oper stammt von Hanuš Trneček und trägt den Titel *Die Geigenmacher von Cremona*. In dieser werfen wir anfangs einen Blick in die Werkstatt von Taddeo Ferrari, dem Ältesten der Geigenmacher-Zunft Cremonas: Im rechten Hintergrund befindet sich ein Schaufenster, in dem Violinen, Celli und andere Saiteninstrumente stehen, davor geht Maestro Ferrari nervös auf und ab. Der Grund dafür liegt im Streit mit seiner Tochter Giannina. Sie soll im Rahmen eines Wettbewerbs an den besten Gesellen verschachert werden, also entweder an Filippo oder Sandro. Dabei hat sich Giannina doch schon längst für Letzteren entschieden. Ihr Vater ist aber der Meinung, dass Filippo die besseren Geigen baut und auch viel schöner auf ihnen spielen kann. Dieses Argument wischt Giannina mit dem Satz „Was geh'n mich eure Geigen an?" vom Tisch, Ferrari steigt daraufhin in seinen Weinkeller hinab. Nun rennt die Sopranistin zu Filippo und zieht eine gut geprobte Heulnummer ab, bis der Geselle bereit ist, sein Meisterstück heimlich gegen das von Sandro auszutauschen. Obwohl der Auserwählte dummerweise auf die gleiche Idee kommt, wendet sich im Finale alles zum Guten.

*

Nun wechseln wir für den *Antonia*-Akt aus Jacques Offenbachs *Hoffmanns Erzählungen* nach München, genauer gesagt in die Wohnung des Geigenbauers Crespel. An den Wänden hängen Violinen, links steht eine neu bezogene Sitzgruppe, rechts ein altes Cembalo, an dem Crespels Tochter Antonia sitzt, in die Tasten haut und trällert. Sie berichtet uns von einem gefiederten Freund, der dem Liebsten einfach weggeflattert ist. Nun ja, so etwas passiert halt, wenn man nicht aufpasst. Die Tür öffnet sich und der hereinkommende Crespel ermahnt Antonia, endlich damit aufzuhören, da bereits ihre Mutter an der Singerei gestorben sei. Nachdem die Sopranistin beteuert hat, es nie wieder zu tun, befiehlt Crespel dem Diener Franz, niemandem aufzumachen. Doch dieser ist leider extrem hörgeschädigt und lässt jeden eintreten. Zunächst erscheint Hoffmann und schmettert mit Antonia ein amouröses Duett, später schaut Doktor Mirakel vorbei, der schon besagte Mutter zu Tode kurierte. Er nimmt eine der Violinen von der Wand und spielt sozusagen auf der Teufelsgeige. Antonia kann der Versuchung nicht widerstehen, schraubt ihre Töne immer höher und singt sich so ins Grab.

*

Rolf Liebermanns Oper *Leonore 40/45* beruht auf einer wahren Begebenheit, die sich während und nach dem Zweiten Weltkrieg ereignete. Im Vorspiel tritt mit Monsieur Émile der Schutzengel auf, der das Publikum in das nun folgende Stück einführt: Im Juli 1939 sitzt Hermann vor dem Radio und hört sich eine Rundfunkübertragung von Beethovens *Fidelio* an. Diese wird wegen der Sondermeldung unterbrochen, dass alle Männer der Jahrgänge 1905 bis 1913 an die Front müssen.

Davon ist auch Hermanns Sohn Alfred betroffen. Zweieinhalb Jahre später lernt dieser im besetzten Paris die Französin Huguette kennen und verliebt sich in sie. Als sich die deutschen Truppen im August 1944 aus Paris zurückziehen, müssen auch Huguette und Alfred schweren Herzens voneinander Abschied nehmen. Ein weiteres Jahr später befindet sich Alfred in französischer Kriegsgefangenschaft. Kurz darauf erscheint Monsieur Émile bei Huguette und berichtet ihr, dass Alfred zur Herstellung von Musikinstrumenten verpflichtet worden sei und bei dem Instrumentenmacher Lejeune wohne. Huguette bewirbt sich bei Lejeune als Sekretärin und wird vom dem Bassbuffo tatsächlich eingestellt. Nach zwei Jahren kann das Liebespaar endlich Hochzeit feiern, zu den Gästen zählt auch Alfreds Vater. Das Werk schließt mit einem freudigen Chor: „Alles wendet sich zum Guten in der besten aller Welten".

Diese Gewerke auch hier:

Taddeo Ferrari, ein Geigenbauer, in *Der Geigerbauer von Cremona* von J. Hubay

Ein Instrumentenmacher in *Die unruhige Nachbarschaft* von Wen. Müller

Spieglein, Spieglein
Glaser, Glasmacher, Glasbläser
und Glasapparatebauer

Glaubt man den Gebrüdern Grimm und anderen Geschichtenerzählern, dann üben alle Handwerker, die mit Glas in Berührung kommen, einen märchenhaften Job aus. Oder können Sie sich *Schneewittchen* & Co. ohne gläserne Requisiten wie Schuh, Sarg oder Spiegel vorstellen? Eben. Auch in den Vertonungen dieses Märchens spielt Glas eine wichtige Rolle. So sieht etwa die *Schneewittchen*-Partitur Heinz Holligers den Einsatz einer Glasharmonika vor. In Marius Felix Langes gleichnamiger Kinderoper ist einer der sieben Zwerge ein Glasbläser in bester Handwerkertradition. Dass ein Spiegel nicht nur zur Kontrolle der Tolle dient, sondern metaphorisch für das Abbild der menschlichen Seele steht, war für die Kunst schon immer ein gefundenes Fressen. Kein Geringerer als E.T.A. Hoffmann schrieb *Die Geschichte vom verlorenen Spiegelbild*: Ein Mann lässt sich von einer venezianischen Bordsteinschwalbe um den Finger wickeln und überreicht ihr mit dem Spiegelbild einen Teil seiner Identität. Die Beschenkte tauscht das Konterfei an Ort und Stelle in einen Diamanten um und zieht mit dem nächstbesten Freier von dannen. Auf dieser literarischen Vorlage fußt der *Giulietta*-Akt aus Jacques Offenbachs fantastischer Oper *Hoffmanns Erzählungen*. Allerdings ist es jetzt der Dichter selbst, der zu den Klängen der *Barcarole* seinem Schicksal entgegengondelt. Zwei Akte zuvor betritt der Optiker Coppélius die Bühne, um Hoffmann „Barometer, Hygrometer, Thermometer, auf Rabatt, aber gegen bar" zu überlassen. Dabei ist der

Verkauf von quecksilberhaltigen Messinstrumenten seit dem 1. Oktober 2009 gesetzlich verboten. Aber irgendwie ist es auch schade drum, denn die Fertigung und Befüllung der Barometerrohre hatte an die Glasbläser einst höchste Anforderungen gestellt.

*

Zu Beginn von Wenzel Müllers Singspielposse *Der Barometermacher auf der Zauberinsel* erscheint Bartholomäus Quecksilber eine Fee, die ihm aber keinerlei Wünsche erfüllt. Dafür überreicht sie dem Wiener ein Horn, einen Stab und eine Schärpe. Feen sind also auch nicht mehr das, was sie mal waren. Jedoch stellt Bartholomäus beim Schwingen des Stabes fest, dass es plötzlich Gold regnet, womit man wiederum alles kaufen kann, was dringend benötigt wird. Folglich beginnt der Barometermacher den Einzelhandel auf der Zauberinsel anzukurbeln, was das Interesse des Machthabers Tutu und seiner kratzbürstigen Tochter Zoraide weckt. Während Bartholomäus mit der Kammerzofe Linda flirtet, gelingt es Zoraide, sich die Zaubergaben rechtswidrig anzueignen. Aus Frust über seinen Verlust beißt Bartholomäus in eine genmanipulierte Feige, wodurch ihm ein stattlicher Zinken wächst. Dank des Heilwassers einer Quelle, die ihm der Waldbewohner Zadi zeigt, lässt sich die Deformierung aber wieder rückgängig machen. Bewaffnet mit Obst und Wasser holen Bartholomäus und Linda nun zum Gegenangriff aus. Nachdem Tutu und Zoraide von den Feigen gekostet haben, müssen sie die Zaubergaben aushändigen, damit sie ihre alten Nasen zurückerhalten. Bartholomäus Quecksilber verspricht seiner Linda eine goldige Zukunft.

*

Es gab einige Komponisten, die sich für Gerhart Hauptmanns Glashüttenmärchen *Und Pippa tanzt!* interessierten - Arnold Schönberg beispielsweise, aber auch Alban Berg. Leider blieb es in beiden Fällen beim Opernplan bzw. beim Fragment. Walter Schartner komponierte aus dem Schauspiel eine abendfüllende Oper, die 1948 in Halle uraufgeführt wurde, zudem existiert eine Vertonung von Peter Richter de Rangenier, die ich nun vorstellen möchte: Das schlesische Gebirge ist mit Schnee bedeckt, der Winter tobt. In einer Schenke verbringen Glasarbeiter, Glasmalermeister sowie der Direktor der Glashütte gemeinsam den Feierabend. Der italienische Kollege Tagliazoni, ein Tenor, hat seine Tochter Pippa mitgebracht, die er für Geld vor den Gästen tanzen lässt. Plötzlich betritt ein Fremder die Szene, der auf der Suche nach einem Lager für die Nacht ist: Michel Hellriegel, ein geschickter Handwerker mit burschikosem Mezzosopran. Die gerade vom alten Glasbläser Huhn zum Tanz aufgeforderte Pippa findet sofort Gefallen an Michel. Zwischen den Arbeitern bricht ein Streit aus, weil Tagliazoni beim Falschspielen ertappt wurde. Der Vorfall eskaliert und Pippa muss mitansehen, wie ihr Vater von seinen Mitspielern umgebracht wird. Im Tumult verschleppt der alte Huhn die bewusstlos gewordene Pippa zu seiner Hütte in den Bergen. Dort taucht kurze Zeit später Michel auf, um Pippa den gemeinsamen Umzug nach Venedig vorzuschlagen. Da der alte Huhn gerade nicht da ist, nutzt Pippa die Gunst der Stunde und brennt augenblicklich mit Michel durch. Der Reiseplan wird jedoch von einer Lawine durchkreuzt, die Michel unter sich begräbt. In ihrer Verzweiflung rennt Pippa zum Berggeist Wann, der zufällig den Glashüttendirektor zu Gast hat. Gemeinsam befreien sie den verschütteten Michel. Der weise Wann nimmt das junge Paar bei sich auf und rät ihm, die Wanderung erst am nächsten Tag fortzusetzen. Da der alte Huhn die Rettungsaktion genau beobachtet hat, kommt es dazu nicht mehr: Er dringt in Wanns Stube ein, unterliegt im Ringkampf mit dem Hausherrn und wünscht sich auf dem Sterbebett von Pippa einen letzten Tanz. Diese bricht während der Darbietung tot zusammen, in dem Moment stirbt auch Huhn. Der unvermittelt erblindete Michel glaubt Pippa weiterhin an seiner Seite und begibt sich auf den Weg nach Venedig.

Diese Gewerke auch hier:

Ein Glasmacher in *Tod in Venedig* von B. Britten
Ein Glaser in *Orphée* von P. Glass
Ein Glaser in *Ein Traumspiel* von I. Lidholm
Assan, ein Glaser, in *Der Konsul* von G.C. Menotti
Der Glasermeister in *Ein Traumspiel* von A. Reimann
Melchior, Glasbläser, in *Das kalte Herz* von N. Schultze

Hinter der Bühne:

Die Glasharmonika ist ein wahrhaft magisches Instrument. Ihre Klangglocken werden traditionell mundgeblasen oder durch ein Verfahren hergestellt, bei dem man Quarzrohre an einer Glasbläserdrehbank erhitzt und manuell in die gewünschte Form bringt. Die unterschiedlich großen, ineinandergeschobenen Glocken lagern auf einer waagerechten Achse, die mittels Pedal in Rotation gebracht wird. Durch das Berühren der Glockenränder mit einem nassen Finger entsteht der Ton. Unzählige Komponisten waren von der Glasharmonika fasziniert und verwendeten sie in ihren Werken. Ihr vielleicht bekanntester Einsatz ereignet sich in der *Wahnsinnsszene* von Gaetano Donizettis Oper *Lucia di Lammermoor*.

Es werde Licht!
Elektro- und Bühnentechniker

Im Theater ist die Beleuchtung weit mehr als bloße Technik. Eher stellt sie ein kreatives Werkzeug dar, welches eine Inszenierung erst zum Leuchten bringt. Welche Stimmung möchte die Regie vermitteln? Spielt die Szene in einem geschlossenen Raum oder unter freiem Himmel? Rettet der strahlende Held wirklich die Frau mit der dunklen Vergangenheit – oder träumt er das bloß? Mit Licht kann man spielen! Es kann eine individuelle Atmosphäre schaffen, das Erscheinungsbild einer ganzen Kulisse verändern, Figuren karikieren, charakterisieren und psychologisieren. In den letzten Jahren schritt die Lichttechnik so weit voran, dass mit dem Lichtdesigner ein völlig neuer Theaterberuf entstand. Er entwirft zwar das Beleuchtungskonzept und gehört damit dem künstlerischen Stab an, doch die technische Umsetzung liegt in den Händen des Beleuchtungsmeisters. Dieser überwacht den Auf- und Abbau, die Verkabelung, Bedienung, Wartung, Instandhaltung und Erneuerung aller beleuchtungstechnischen Geräte. Ohne ihn und seine Beleuchter würde ein Verfolger nicht verfolgen, stünde die Rampensau auch nicht im Rampenlicht. Passenderweise fand das erste Experiment mit elektrischem Licht außerhalb des Labors in einem Theater statt. 1849 mussten im Lissabonner Teatro Nacional de São Carlos kurzfristig alle Gas- und Öllampen ersetzt werden, sonst wäre die Aufführung von Giacomo Meyerbeers Oper *Der Prophet* geplatzt.

*

Nun aber weg von der Elektrik und hin zur Elektronik. Der Komponist Max Brand lernte in den 50er-Jahren den Elektrotechniker Robert Moog kennen, der ihm den weltweit ersten Synthesizer baute. Das Gerät kann heute im Max-Brand-Archiv der Langenzersdorfer Museen bestaunt werden. Außerdem nahm Brand, der als Pionier der Synthesizer- und elektronischen Musik gilt, Verbindung zum Westdeutschen Rundfunk in Köln auf, der über ein eigenes Tonstudio für elektronische Musik verfügt. Am Grazer Institut für Elektronische Musik und Akustik – kurz IEM – vereinigen sich technische Wissenschaft und zeitgenössische Klassik. Hier werden nicht nur Elektrotechniker ausgebildet, sondern auch elektronische Klänge für die Oper realisiert. Beispielsweise verwandelte man am IEM für Olga Neuwirths Werk *Bählamms Fest* den Gesang eines Countertenors in das Geheul eines Werwolfs. Im umgekehrten Fall gibt es mit Manfred Jung, Josef Kalenberg und John van Kesteren gleich drei ehemalige Elektrotechniker, die möglicherweise in einer Vollmondnacht den Tenorwolf in sich entdeckten und auf eine Opernbühne liefen.

*

Zu Beginn von Thomas Adès' Zweiakter *Ihre letzte Maske* bemerkt die Herzogin in ihrer Hotel-Suite einen Elektriker, der sich über ihr Äußeres lustig macht. Sie gedenkt daraufhin der Vergangenheit, ihres alten Glanzes und früherer Schönheit. Mehr als fünfzig Jahre zuvor ist die Herzogin zum ersten Mal Gast in dem Hotel. Sie klingelt nach dem Etagenkellner und verführt ihn. Der Sex ist so gut, dass die Herzogin ein ordentliches Trinkgeld reicht, welches der Kellner auch annimmt. Währenddessen weilt der Herzog gerade bei seiner Geliebten, die ihn über die regelmäßigen Eskapaden seiner Gattin unterrichtet. Da sie ihm zudem verraten kann, wo er Beweise für die Untreue der Herzogin findet, geht in der darauffolgenden Szene der Scheidungsprozess über die Bühne. Der Richter beleidigt die Herzogin und positioniert sich auf der Seite des Herzogs. Von den Reportern der Klatschpresse verfolgt, muss die frisch geschiedene Lady ein Zimmer des Hotels beziehen. Im Finale wird die Herzogin vom Hotelmanager aus ihren Erinnerungen gerissen. Sie muss ihre Suite innerhalb einer Stunde räumen, da sie die Rechnungen nicht bezahlen kann. Als die Herzogin hinter sich die Tür schließt, krabbelt der Elektriker unter dem Bett hervor und verwüstet das Zimmer. Die Kammeroper erzählt vom Niedergang der glamourösen, reichen, aber auch unersättlichen Herzogin von Argyll, die 1993 einsam und völlig verarmt in einem Londoner Pflegeheim starb.

Diese Gewerke auch hier:

Der Techniker in *Der Troll* von H. Berheide
Eine Petition der Bürger einer kleinen Residenzstadt oder Theolog, Jurist und Techniker, Original-Charaktergemälde von F. v. Suppé
Der Techniker (Das Gespenst des Technikers) in *Der zerbrochene Krug* von V. Ullmann

Wein, Weib und Gesang
Böttcher, Fassbinder und Weinküfer

Manch einer hält die Oper für ein Fass ohne Boden. Überträgt man die Anteile des Jahresbudgets auf den Durchschnittswert einer Eintrittskarte, dann könnte die Kassendame theoretisch wie ein Marktschreier auftreten: Heute fünf Tickets zum Preis von einem! Ja richtig, mit dem Verkauf seiner Billetts erwirtschaftet ein Theater in öffentlicher Trägerschaft einen Eigenanteil von zirka 20 Prozent. Die übrigen 80 schießt Papa Staat zu. Nun ja, nicht nur: Heutzutage muss ein Intendant in Haushaltsfragen die gleiche Kreativität an den Tag legen wie bei der Spielplangestaltung. Um weitere Gelder zu akquirieren, werden die Klinken der Sponsoren geputzt, Gastspiele im In- und Ausland vereinbart, Koproduktionspartner gesucht, Mäzene umworben und das treue Publikum in Form eines Fördervereins ans Haus gebunden. Und natürlich bietet auch jedes ausgeschenkte Gläschen Mosel dem Haus eine zusätzliche Möglichkeit, flüssig zu bleiben. Doch Wein wird nicht nur in der Pause serviert. Der Titelheld in Mozarts *Don Giovanni* singt eine *Champagnerarie* und setzt ein naives Brautpaar unter Strom, Alfredo stimmt in Verdis *La Traviata* das von Klassik Radio mittlerweile totgedudelte *Trinklied* an und in Mozarts *Die Entführung aus dem Serail* treffen sich Pedrillo und Osmin zum ausschweifenden Besäufnis („Vivat Bacchus!"). Übrigens zählte der Osmin zu den Paraderollen des deutschen Basssängers Karl Formes, der als Küfer in Mühlheim am Rhein tätig war, bevor er sich gänzlich der Kunst verschrieb.

*

Jacques Offenbach geht in *Hoffmanns Erzählungen* sogar noch einen Schritt weiter und erklärt den Wein zur Inspirationsquelle des titelgebenden Dichters. Der reale E.T.A. Hoffmann bewohnte am Berliner Gendarmenmarkt eine Dachgeschosswohnung, in welcher er seine berühmten Erzählungen niederschrieb. Hier konnte er direkt auf sein Lieblingstheater blicken, das Königliche Schauspielhaus. Dahinter befindet sich der Weinkeller Luthers und in diesem beginnt der erste Akt der Oper. In der Mitte der Schankstube steht eine gewaltige Tonne, auf dem ein kleiner Bacchus thront, der eine Banderole mit der Inschrift „Zum Nürnberger Fass" in den Händen hält. Weingeister besingen mit viel „Glou! glou!" die Wohltaten des Alkohols, Hoffmanns Muse entsteigt einem Fass. Kurz darauf platzen Studenten herein, die die Pause des nebenan spielenden *Don Giovanni* nutzen, um bei Luther Wein zu bestellen. Als Letzter erscheint Hoffmann. Er schaut so tief ins Glas, dass er in den folgenden drei Akten von seinen gescheiterten Beziehungen mit Olympia, Antonia und Giulietta berichtet. Davon sind alle derart angetan, dass sie glatt auf den zweiten Teil der Mozart-Oper verzichten. Doch weil er am Ende völlig betrunken ist, erhält Hoffmann auch von seiner vierten Freundin den Laufpass.

*

Eine weitere Erzählung von E.T.A. Hoffmann ist *Meister Martin der Küfner und seine Gesellen*. August Schricker dichtete daraus eine dreiaktige Oper (wobei er die Berufsbezeichnung auf Küfer verknappte), Wendelin Weißheimer schrieb die Musik dazu. Das Stück drängte sich dem Komponisten nahezu auf, denn Weißheimer entstammt einer traditionell im Weinbau verwurzelten Familie. Bis heute existiert das Weingut Steinmühle im pfälzischen Osthofen, von dessen Erzeugnissen schon Richard Wagner, ein enger Freund Weißheimers, genüsslich nippte. Nun aber zurück zu Meister Martin, der gleich am Anfang der Oper einen Grund zum Saufen hat. Er wurde nämlich gerade zum Vorsteher der Küferzunft, dem sogenannten Kerzenmeister, ernannt. Das gesellige Gelage wird von einer scheppernden Rüstung gestört, in welcher der Ritter Heinrich von Spangenberg steckt. Er trägt vor, dass sein Sohn möglicherweise bereit sei, Martins Tochter Rosa zur Frau zu nehmen. Der Meister lehnt lallend ab: Rosa müsse einen Käfer – nein, Moment – einen Küfer heiraten, weil die Küferei nun mal das tollste, schönste und beste Handwerk überhaupt sei. Noch besser wäre natürlich ein Küfer mit einem Käfer. Heinrich von Spangenberg geht beleidigt zur Seite ab. Kurz darauf nimmt Meister Martin drei neue Gesellen und damit potenzielle Schwiegersöhne bei sich auf: Friedrich, Reinhold und Conrad. Als erster scheidet Conrad aus, der sich der Sachbeschädigung, der Körperverletzung und des unerlaubten Entfernens vom Arbeitsplatz schuldig macht. Danach schmeißt Reinhold den Laden hin, weil er lieber Maler in Italien werden möchte. Somit bleibt nur noch Friedrich übrig. Der ist eigentlich gelernter Silberschmied, wollte es aber aus Liebe zu Rosa mit der Küferei probieren. Obwohl sich Friedrich dazu entschließt, die Ausbildung abzubrechen, reicht ihm Martin die Hand seiner Tochter. Im Finale gibt es noch eine kleine Überraschung: Conrad ist der Sohn von Ritter Heinrich. Ach was!

*

Das ist kein Scherz: In Giorgio Battistellis Oper *Experimentum mundi* treten waschechte Handwerker auf, die während der Aufführung ihre tägliche Arbeit präsentieren. Neben dem Maurer, der Mörtel mischt, dem Schmied, der das glühende Eisen verhaut, dem Bäcker, Scherenschleifer und Schuster gibt es auch den Küfer, der kräftig aufs Holz hämmert. So entstehen im Laufe der Oper eine Mauer, ein Schuh, frisches Brot und ein Fass. Insgesamt sieht das Werk ganze 16 Handwerker vor, zudem einen Schauspieler, fünf Frauenstimmen und einen Schlagzeuger. Für seine Handwerkeroper hat sich Battistelli mit atonaler bzw. asymmetrischer Rhythmik befasst, womit die Musik vielleicht nicht jedermanns Geschmack sein dürfte. Wenn es aber auf der Bühne ordentlich zur Sache geht, Rauch aufsteigt, Funken und Fetzen fliegen, sich Gerüche ausbreiten, dann kommt jeder auf seine Kosten, ob nun Handwerker oder nicht. Der Entstehung liegt ein ehrenwerter Gedanke zugrunde: In seiner kleinen Geburtsstadt Albano registrierte der italienische Komponist ein schleichendes Verschwinden der dort ansässigen Handwerker. Dem wollte er auf seine Art entgegenwirken. Die Uraufführung fand 1981 in Rom statt. Seitdem wurde *Experimentum mundi* schon u. a. in Köln, Luzern, London, Shanghai, Australien und bei den Salzburger Festspielen gezeigt.

Diese Gewerke auch hier:

Martin, *Fassbinder*, und *Colin*, *Geselle*, in *Der Fassbinder* von T. Arne
Trushoop, ein Küfer, in *Die Enttäuschung* von A. Barton
Der Fassbinder, Singspiel von F. Fränzel
Bertold, der Küfer, in *Die Mühle im Wisperthal* von W. Freudenberg
Der Böttcher, komische Oper von F. Gossec, J. Kohaut, F.-A.D. Philidor und J.-C. Trial

Der Küfer von Nürnberg, komische Oper von L. Lacombe
Krönkel, Küfermeister, in *Schneider Wibbel* von M. Lothar
Der Fassbinder, Singspiel von J.B. Schenk
Ortlieb Tulbeck, der Schäfflermeister/Böttcher in *Feuersnot* von R. Strauss
Die beiden Fassbinder oder Reflexionen und Aufmerksamkeiten, Posse von F. v. Suppé

Der Tanz der Puppen
Drechsler und Holzspielzeugmacher

Eines der wichtigsten Werkzeuge unseres Lebens findet man in keinem Baumarkt. Fantasie ist nämlich eine Frage der Synapsen und deren Häufigkeit. Oder mit blumigeren Worten: Man kann nur spinnen, so weit der Faden reicht. Nehmen wir jetzt also das Kind in uns an die Hand und fliegen zur Insel mit zwei Bergen, genauer gesagt, zu Deutschlands bekanntestem Marionettentheater. In der Augsburger Puppenkiste werden Märchen gezeigt, aber eben auch abendfüllende Opern: Mozarts *Zauberflöte* zum Beispiel. Die Schwierigkeit besteht darin, dass die Gliederpuppen keine Mimik besitzen. Somit können alle Formen des Ausdrucks nur über Gesten vermittelt werden. Damit sich die Illusion auch tatsächlich einstellt, ist jedes noch so kleine Detail von hoher Bedeutung. Wenn der Zuschauer dann vergisst, dass er es eigentlich mit Marionetten zu tun hat, haben die Puppenspieler ihr Ziel erreicht. Aber nicht nur Augsburg lässt die Puppen tanzen, auch die Marionettentheater in Düsseldorf, Salzburg und Schönbrunn haben Opernvorstellungen im Programm. Sollten Sie Urlaub am Bodensee machen, dann schauen Sie unbedingt einmal in der Lindauer Marionettenoper vorbei. Ein ganz großer Bewunderer der Holzköpfe war der österreichische Komponist Joseph Haydn, der dem Marionettentheater ganze Werke wie *Dido*, *Der Hexenschabbas* und *Philemon und Bauchis* zu Füßen legte.

*

Bekanntlich haben Lügen kurze Beine. Wenn sich dazu noch die lange Nase gesellt, ist natürlich von *Pinocchio* die Rede. In der Geschichte von Carlo Collodi findet der Tischlermeister Antonio – von einigen aufgrund der roten Nase auch Meister Kirsche genannt – ein Stück Pinie, welches zu plappern beginnt, als er es bearbeiten möchte. Da die damalige Kundschaft sprechenden Einrichtungsgegenständen eher skeptisch gegenübersteht, gibt Antonio den Holzklotz vorsichtshalber an seinen Freund Geppetto ab. Dieser fängt augenblicklich mit dem Schnitzen einer Puppe an, die er auf den Namen Pinocchio tauft. Als der hölzerne Bengel tatsächlich lebendig wird, fällt Geppetto aus allen Wolken. Pinocchio nutzt die Verwirrung seines Schöpfers und macht sich – zwecks des Bestehens gleich mehrerer Abenteuer – aus dem Staub. Der Stoff wurde bereits mehrmals verfilmt und vertont. Neben Musicals und Balletten existieren *Pinocchio*-Opern von Pierangelo Valtinoni, Marco Tutino, Wilfried Hiller, Kurt Schwaen, Jonathan Dove und Lior Navok, ja, sogar ein Orchestermärchen von Martin Bärenz, für welches Herbert Feuerstein den Text beisteuerte.

*

Olimpia könnte man als die größere, fiese Schwester Pinocchios bezeichnen. In E.T.A. Hoffmanns Novelle *Der Sandmann* steigt die Holzpuppe vom Olymp herab, um den armen Nathanael um den Verstand zu bringen. Die Titelfigur des Schauerromans hat mit dem *Sandmännchen* aus dem Kinderfernsehen bzw. der Sagengestalt wenig gemein. Zwar lässt auch Hoffmann Sand in die Augen streuen, aber seinem Sandmann geht es darum, den Blick fürs Wesentliche zu vernebeln, Albträume und Wahnvorstellungen hervorzurufen. Selbst vor roher Gewalt schreckt dieser Sandmann nicht zurück. Da ist dann schon mal vom Sandwerfen die Rede, damit die Augen „blutig zum Kopf herausspringen", die dann von eulenähnlichen Wesen mit krummen Schnäbeln aufgepickt werden. Hoffmanns *Sandmann* ist also keine Gute-Nacht-Geschichte für die Kleinen, sondern eher ein Gruselmärchen für die Erwachsenen. Olimpia ist darin die sexuelle, verführerische Komponente, aber auch als Seitenhieb auf ein vorherrschendes Frauenbild zu verstehen. Dass sich einige Männer gern den attraktiven, aber schweigsamen Automaten zur Ehefrau wünschen, wissen wir ja nicht erst seit *Die Frauen von Stepford*. Man kann dieses Thema natürlich auch verniedlichen, wie es Léo Delibes in seinem Ballett *Coppélia oder Das Mädchen mit den Glasaugen* und Adolphe Adam in der Oper *Die Nürnberger Puppe* getan haben. In der Letztgenannten erliegt der Spielwarenhändler Cornelius dem Irrsinn, eine eigens zusammengebaute Puppe zum Leben zu erwecken. Wenn das geschehen ist, will er sie seinem Sohn Benjamin zur Frau geben. Als der Vater mit dem Sohne einmal ausgeht, verabredet sich Cornelius' Neffe Heinrich mit seiner Freundin Berta im Spielwarenladen. Dort muss das Liebespaar enttäuscht feststellen, dass dieses Geschäft wirklich nur kindgerechtes Spielzeug im Sortiment führt. Die beiden Herren kommen früher zurück als erwartet und Berta benötigt dringend ein Versteck. Nachdem sie die Sachen der Puppe angezogen hat, wird sie von Cornelius aus der Werkstatt geholt. Der staunt nicht schlecht, als die hölzerne Männerfantasie plötzlich lebendig wird. Leider offenbart sie eine schlimme Fehlfunktion in der Motorik. Nur unter ungeheurer Kraftanstrengung kann Cornelius die Puppe wieder deaktivieren. Der Spielzeugmacher beschließt daraufhin, das Ding in den Ofen zu werfen. Bevor dies passiert, kann Berta den Kleidertausch aber noch rückgängig machen.

*

Deutlich zynischer geht der *Olympia*-Akt aus Jacques Offenbachs *Hoffmanns Erzählungen* über die Bühne. Dieser spielt im Haus des Physikers Prof. Spalanzani, der sich uns als Vater der Menschenpuppe vorstellt. Die Augen für Olympia hat er vom Optiker Coppélius erhalten, diese aber noch nicht bezahlt – womit auch? Spalanzani hat durch die Pleite des Bankhauses Elias fünfhundert Dukaten Miese gemacht. Dieser Verlust muss durch Olympia erst wieder ausgeglichen werden. Nun tritt der Dichter Hoffmann ein, der sich hier in seiner Figur des Studenten Nathanael wiederfindet. Zur eigenen Sicherheit hat er Nicklausse mitgebracht, seine Muse. Diese ist der Aufgabe aber nicht wirklich gewachsen, denn Hoffmann lässt sich von Coppélius sogleich ein Lorgnon aufschwatzen. Genau so eins hatte Offenbach auch, nur dass dieses Modell hier alles in rosarote Watte taucht. Für den Optiker ist es ein schönes Zubrot, hauptsächlich kommt er aber wegen der fälligen Rechnung vorbei. Spalanzani weiß sich nicht anders zu helfen und gibt Coppélius einen ungedeckten Scheck. Im Gegenzug erhält der Physiker ein Papier, dass ihm das Besitzrecht der Augen überschreibt. Nun ist es endlich an der Zeit, dass uns die Sopranistin ihre virtuosen Koloraturen in die Ohren kringelt. Gesanglich besteht die Partie der Olympia lediglich aus einer Arie – bitte nicht den Text mitlesen – und einigen Oui's. Dennoch sind wir, die Hörer, und Hoffmann völlig aus dem Häuschen. Doch im Gegensatz zu ihm wissen wir, dass die Dame nur eine Puppe ist. Erst als beim Tanzen die Brille zerbricht und der betrogene

Coppélius Olympia zerstört, wird Hoffmann bewusst, dass er sich in einen Automaten verknallt hatte.

Diese Gewerke auch hier:

Geppetto, Holzschnitzer, in *Pinocchios Abenteuer* von J. Dove
Meister Pedro in *Meister Pedros Puppenspiel* von M. de Falla
Geppetto, Holzschnitzer, in *Pinocchios Abenteuer* von L. Navok
Geppetto, Holzschnitzer, in *Pinocchios Abenteuer* von K. Schwaen
Yashao, ein Maskenschnitzer, in *Die Geschichte von Shuzenji* von O. Shimizu
Geppetto, Holzschnitzer, in *Pinocchio* von M. Tutino
Geppetto, Holzschnitzer, in *Pinocchio* von P. Valtinoni

Macht dem Theater Beine!
Schreiner, Tischler und Bestatter

Im wahren Leben passt am Ende alles in eine Kiste. So geht es auch im Guckkasten auf der Opernbühne zu. Bis aber der Sarg aufgebahrt ist, gehen wir Treppen hoch und wieder runter, öffnen viele Türen, schließen einige davon, laufen durch Tore und über Brücken, verstauen unsere Schätze in einer Schachtel, stehen auf Podien und Leitern, lernen Menschen kennen, die nicht alle Latten am Zaun haben, trennen uns von Tisch und Bett. Für diese Gegenstände benötigen wir den Tischler, ein Opernhaus stellt den Theaterschreiner ein, welcher eng mit dem Technischen Direktor und dem jeweiligen Bühnenbildner zusammenarbeitet. Letzterer stellt bei der Bauprobe seinen Entwurf vor, der Chef der Theaterschreinerei entscheidet dann, welche Materialien im Einzelnen verwendet werden. Nicht nur Stilistik spielt dabei eine wichtige Rolle, auch die akustischen Verhältnisse und das liebe Geld darf er nicht aus den Augen verlieren.

*

In seiner Oper *Porgy und Bess* entführt uns George Gershwin nach South Carolina, wenige Jahre nach dem Amerikanischen Bürgerkrieg. In der Catfish Row leben arme Schwarze, Fischer, Bettler und Junkies. Manche von ihnen sitzen beim Würfelspiel zusammen. Eine Mutter singt „Summertime" für ihr Baby. Der verkrüppelte Porgy kommt auf seinem Ziegenkarren hinzu und erkundigt sich nach Bess. Diese erscheint mit dem brutalen Crown, der augenblicklich in eine Konfrontation gerät und einen Fischer erschlägt. Während Crown die Flucht vor der Polizei ergreift, findet Bess bei Porgy Unterschlupf. Im zweiten Bild bittet die Frau des Fischers den Freundeskreis um Geld für die Beisetzung. Der Bestatter, ein Bariton, erklärt sich letztendlich bereit, den Leichnam für die gesammelten 15 Dollar zu beerdigen. Zu Beginn des nächsten Aktes leben Porgy und Bess schon seit einem Monat glücklich zusammen. Bei einem Strandpicknick auf Kittiwah Island, an welchem Porgy aufgrund seiner Behinderung nicht teilnehmen kann, trifft Bess zufällig auf Crown – und verfällt ihm erneut. Zwei Tage später kehrt Bess krank und fiebernd zu Porgy zurück. Nach einem entsetzlichen Sturm, bei dem mehrere Bewohner sterben, schleicht sich ein Schatten zu Porgys Wohnung. Es ist Crown. Porgy öffnet das Fenster und sticht ihm ein Messer in den Rücken. Als die Polizei im Ort auftaucht, um den Mord aufzuklären, stößt sie auf eine Mauer des Schweigens. Porgy wird abgeführt, weil er sich weigert, den Leichnam zu identifizieren. Währenddessen gerät Bess abermals in die Drogenabhängigkeit und geht nach New York. Der aus der Untersuchungshaft entlassene Porgy begibt sich mit seinem Ziegenwägelchen sogleich auf die Suche, um seine geliebte Bess wiederzufinden.

*

Nach New York kommen wir mit, denn dort trägt sich Leonard Bernsteins letzte Oper *Ruh' und Frieden* zu: Dinah ist bei einem scheinbar selbst verschuldeten Autounfall ums Leben gekommen und wird gerade beigesetzt. Der Bestattungsunternehmer, ein Bassbariton, bittet die am Sarg stehenden Familienmitglieder um einige Worte. In die Trauerfeier platzt der sichtlich betrunkene Sohn der Verstorbenen – Junior. Zwischen ihm und seinem Vater Sam kommt es noch während der Beerdigung zur Auseinandersetzung. Im zweiten Akt blättert Sam in Dinahs alten Tagebüchern. Sie erinnern ihn an kriselnde Ehejahre, als er nur seine Arbeit im Kopf hatte und Dinah Dauerpatientin bei ihrem Psychoanalytiker war. So liest Sam von einem Traum, in welchem Dinah durch einen verödeten Garten wandelt und ihr eine Stimme zuruft, dass sie die Liebe schon bald zu einem ruhigen Ort führen werde. In einer anderen Erinnerung zieht der junge Sam vor, an einer Sportveranstaltung teilzunehmen, statt die Schulaufführung seines Sohnes zu besuchen. Dinah, die ebenfalls nicht bei Juniors Auftritt war, schaut sich im Kino zweimal dasselbe an und singt dennoch „So ein Mistfilm!" Der Titel des Streifens spielt auf Bernsteins Kurzoper *Trouble in Tahiti* an, die er hier als Rückblende einbaute. Zurück in der Gegenwart versucht man einen Neuanfang: Junior zerreißt das Tagebuch seiner Mutter. Er und sein Vater wollen lernen, besser miteinander auszukommen.

*

Im Verlauf von Gaetano Donizettis Oper *Peter der Große oder Der Tischler von Livland* werden nicht weniger als drei wahre Identitäten ans Licht gebracht. Zunächst lernen wir den temperamentvollen Tischler Carl Skawronski und seine Braut Annette Mazeppa kennen. Da ihr die Kerle nur so hinterher sabbern, muss Carl regelmäßig vor die Tür gehen, notfalls sogar mit einer Axt. Eines schönen Tages schlägt ein Touristenpärchen im Ort auf, welches zwar viele Fragen stellt, die eigene Herkunft aber für sich behalten möchte. Weil Carl die Aussage verweigert, wird nach dem Richter gerufen, der anfangs seinem Mitbürger Recht gibt. Doch als der Fremde mitteilt, dass er ein ranghohes Tier am Zarenhof sei, ändert der Richter seine Meinung und lässt Carl einsperren. Kurze Zeit später spricht die Wirtin Fritz mit einer gefundenen Urkunde vor, die bescheinigt, dass Carl einem Adelsgeschlecht entstammt. Daraufhin fällt die weibliche Touristin in Ohnmacht – und für uns erstmal der Vorhang. Zu Beginn des zweiten Aktes hat sich die Urlauberin wieder erholt und teilt nun mit, dass sie Katharina I. und Carl ihr Bruder sei. Zudem wird der männliche Reiseteilnehmer als Zar Peter der Große vorgestellt. Dieser lädt den Tischler mit einer Begleitperson seiner Wahl nach Petersburg ein und enthebt den Richter seines Amtes. Ein Finale nach dem Motto: Klappe zu, Affe tot!

Diese Gewerke auch hier:

Hähnchen, Tischler, in *Das Fest der Handwerker* von L. Angely
Zwei Schreiner in *Experimentum mundi* von G. Battistelli
Tischler Engstrand in *Gespenster* von A. Bibalo
Brenninger, Tischlermeister, und *Fritz, Gottlieb, Wilhelm* und *Josef, Tischlergesellen,* in *Künstler und Handwerker* von C. Binder
Ein Schreiner in *Ulenspiegel* von W. Braunfels
Schnock, Schreiner, in *Ein Sommernachtstraum* von B. Britten
Der Totengräber und *Der Sargtischler* in *Der Riese vom Steinfeld* von F. Cerha
Der Tischlermeister und *Seine Gesellen* in *Der Wunderschrank* von F. Farkas
Hanns, ein Schreiner, in *Handwerkerliebe* von F.L. Gassmann
Der Tischlermeister in *Die Hochzeit des Jobs* von J. Haas
Ein Bestatter in *Tod eines Bankers* von A. Kersting
Peter, der Totengräber, in *Das Testament* von W. Kienzl

MACHT DEM THEATER BEINE!

Mutter Bazouge, eine Leichenwäscherin, in *Gervaise Macquart* von G. Klebe
Ein Tischler (Zwerg) in *Schneewittchen* von M.F. Lange
Fritz Schickelgrüber, Bestattungsangestellter, und *Ein Bestattungsangestellter* in *Wieso verschwindet Mozart auf der Reise nach Prag?* Von B. Liberda
Georg Swaronsky, Tischler, in *Der Nordstern* von G. Meyerbeer
Hobelmann, Tischlermeister in Wien, Leim, ein Tischlergesell, und *Ein Tischlergesell* in *Der böse Geist Lumpazivagabundus* von A. Müller sen.
Simon, ein Tischlermeister, und *Christoph Perler, ein Tischlergesell*, in *Die unruhige Nachbarschaft* von Wen. Müller
Schneider, Schlosser und Tischler, Oper von T.N. Nidecki
Schnock, Schreiner, in *Die Feenkönigin* von H. Purcell
Der Totengräber in *Hamlet* von H. Reutter
Der Totengräber in *Der Rose Pilgerfahrt* von R. Schumann
Zwei Totengräber in *Hamlet* von A. Thomas
Jíra, Tischlermeister, in *Meister Jíra* von J. Vogel
Herr Simon, ein Schreiner, und *Mar, Tischlergesell*, in *Der Schreiner* von P. Wranitzky

Greifet an und rührt die Hände
Zimmerer, Boots- und Schiffbauer

Auf hoher See wurden sie liebevoll „Timmy" genannt. Doch im Januar 2009 mussten die Schiffszimmerer endgültig von Bord gehen, zumindest in der Form, dass nun die Anerkennung als Ausbildungsberuf aufgehoben wurde. Das Bundesinstitut für Berufsbildung kam nämlich zu dem Schluss, dass die Tätigkeiten eines Schiffszimmerers im heutigen Schiffsbau weggefallen seien. Im 17. Jahrhundert sah das freilich noch anders aus. Damals machte sich sogar ein russischer Zar auf den weiten Weg ins holländische Saardam, um Kenntnisse im Schiffsbau zu erwerben. Peter I. wollte keine hohen Wellen schlagen und gab einen falschen Namen beim Vorstellungsgespräch an. Natürlich kam die Wahrheit dennoch ans Licht. Die Geschichte erreichte Kultstatus und wurde zum Inhalt von nicht weniger als 13 Opern. Mit *Peter der Große* legte André-Ernest-Modeste Grétry die erste Komposition vor, bekannte Kollegen wie Adolphe Adam, Karl August von Lichtenstein und Friedrich von Flotow zogen nach.

*

Die bekannteste Vertonung ist noch immer die von Albert Lortzing. Zu Beginn seiner Spieloper *Zar und Zimmermann* erwischen wir zwei Kollegen dabei, wie sie sich während der Arbeitszeit privat unterhalten. Der eine hat sich vor dem Dienst in der Armee gedrückt, der andere hat vor, genau diese um eine schlagkräftige Flotte zu erweitern. Weil beide Vornamensvetter und russische Landsleute zugleich sind, können wir uns im Verlauf der nächsten zweieinhalb Stunden über allerhand Verwechslungen und Missverständnisse amüsieren, welche vorrangig durch einen tumben Bürgermeister auslöst werden. Nachdem sich der Zar zu erkennen gibt und der Deserteur zur Strafe die Nichte des Bürgermeisters heiraten muss, verhoppelt das Opernballett für alle Freunde der gefälligen Klassik den unverwüstlichen Holzschuhtanz.

*

In der Oper *Der Nordstern* von Giacomo Meyerbeer spielt sich das Ganze im finnischen Wiborg und russischen St. Petersburg ab. Im ersten Akt versucht der verkleidete Zar Peter, mit Katharina, der Schwester des Tischlers Georg Swaronsky, anzubandeln. Doch dieser steht nicht der Sinn nach geraspeltem Süßholz, sondern nach militärischen Ehren. Daher schlüpft sie in einen Tarndress und leistet fortan den Wehrdienst für ihren Bruder ab. Den zweiten Akt eröffnet eine schmissige Militärkapelle. Die Märsche und Lieder werden durch die plötzlich hereinstürzende Rekrutin Katharina unterbrochen. Sie berichtet von einer Verschwörung gegen den Zaren. Da dieser nun gewarnt ist, kann er das Komplott rechtzeitig niederschlagen und die Anstifter verhaften lassen. Wenn sich der Vorhang zum dritten und letzten Mal hebt, ist die vom Soldatenleben halb irre gewordene Katharina gerade am Zarenhof angekommen. Um ihr eine Freude zu machen, hat Peter Michailoff das finnische Dorf in seinem Hofgarten nachbauen lassen. Sie brauchen sich an der Stelle gar keine Umstände zu machen und nach Fehlern zu suchen: Es ist sowieso das Bühnenbild der ersten Szene. Die Sopranistin ist dennoch zu Tränen gerührt. Als ihr der

Zarentenor in aufreizenden Zimmermannshosen einen Heiratsantrag macht, ist die Welt für Kathi wieder in Ordnung.

*

Eine hab ich noch. In Gaetano Donizettis Oper *Der Bürgermeister von Saardam* macht sich selbiger Hoffnungen auf die Sopranistin. Marie heißt in dieser Version nämlich Marietta und ist nicht die Nichte des Bürgermeisters van Bett, sondern sein Mündel. Ihr Herz ist allerdings schon vergeben und zwar an den russischen Zimmermann und Wehrdienstverweigerer Pietro Flimann. Somit ist es nur konsequent, dass der Zar Mikailoff hier denselben italienischen Vornamen trägt. Obwohl ihr van Bett jeglichen Kontakt zu den Russen untersagt hat, bringt Marietta ihrem Geliebten eine Plastikbox vorbei, gefüllt mit Gouda und Bitterballen. Das „lecker Mittagessen" wird vom Bürgermeister gestört, weil ihm ein Haftbefehl für einen gewissen Deserteur „Pietro" vorliegt. Da aber ohne Foto die Identität nicht zweifelsfrei geklärt werden kann, zieht van Bett wieder von dannen. Im Rathaus wird er bereits vom türkischen Botschafter Ali Mohamed erwartet, der auch einen „Pietro aus Moskau" sucht, jedoch den Zaren. Man beschließt, gemeinsam zur Werft zu gehen. Während sich der Botschafter mit Flimann unterhält, versucht van Bett den Zaren über seinen Kollegen auszufragen. Mikailoff teilt aber nur mit, dass der andere Pietro gerne isst, trinkt, raucht und Liebe macht. Angesichts dieser banalen Informationen entsteht ein Streit, in dessen Verlauf der Bürgermeister eine Ohrfeige kassiert. Daraufhin lässt er bis zur Klärung der Pietro-Frage alle Zimmerer unter Arrest stellen. Als der Zar erfährt, dass zwei Gruppen in Russland eine Rebellion planen, gibt er seine wahre Herkunft preis und ernennt den Landsmann zum Admiral der Flotte. Und apropos flott: Vorher soll Flimann noch schnell Marietta heiraten. Alle sind begeistert – bis auf den Bürgermeister.

Diese Gewerke auch hier:

Herr Wohlmann, Zimmermeister, und *Wilhelm Kind, Dresdner Zimmermann*, in *Das Fest der Handwerker* von L. Angely
Pascual, Schiffsbauer, in *Marina* von E. Arrieta
Zwei Zimmermänner in *Ulenspiegel* von W. Braunfels
Quince/Squenz, Zimmermann, in *Ein Sommernachtstraum* von B. Britten
Zimmerleute in *Beatrice Cenci* von B. Goldschmidt
Der Zimmermann in *Der kleine Marat* von P. Mascagni
Der Zimmermann von Livland, Melodram von G. Pacini
Gerrit, holländischer Schiffbaumeister, in *Peter der Erste* von A.P. Petrow
Squenz, Zimmermann, in *Die Feenkönigin* von H. Purcell
Der Zar Peter, komische Oper von W. Shield
Gregori, Schiffs-Zimmermeister, in *Die Jugend Peter des Großen* von J. Weigl

Leopold, fahr schon mal den Wagen vor!
Wagner, Holzreifen- und Stellmacher

Wien, Wien, nur du allein: Die Stadt hat viel von dem Charme bewahren können, wie er in den alten Wienerliedern besungen wird. Hier ticken die Uhren tatsächlich noch anders, sind die im Prater blühenden Bäume viel leuchtender und grüner als anderswo, und nur in Wien kann man tagtäglich beim Opernhaus vorfahren, wie es früher generell üblich war – mit der Kutsche. Freilich nennen die Wiener das nicht so. Sowohl der Zweispänner an sich als auch der Lenker des Pferdewagens werden in Österreich als Fiaker bezeichnet. Gustav Pick verewigte sie im berühmten *Fiakerlied*, und die Herren Hugo von Hofmannsthal und Richard Strauss lassen in ihrer Oper *Arabella* eine gewisse Fiakermilli auftreten, hinter der sich die Wiener Volkssängerin Emilie Turecek verbirgt. Einen Liebesbeweis ganz anderer Art erfuhr die österreichische Primadonna Maria Jeritza. Deren glühendste Verehrer spannten die Pferde aus und zogen Jeritzas Kutsche, pardon: Fiaker, selbst durch die Straßen, bis vor die Wiener Staatsoper. Selbstverständlich würde ohne die Wagnerei nicht ein einziges Fuhrwerk rollen. Der im Norden Deutschlands als Stellmacher betitelte Wagner fertigt neben hölzernen Rädern aber auch Handwagen, Anhänger, Schlitten, Karussells und vieles mehr an, ja, er restauriert sogar alte Straßenbahnwaggons.

*

Jetzt nehmen wir mal einen Moment lang an, es gäbe auf Erden weder Musik noch Tanz. Kein schöner Platz zum Leben, nicht wahr? Tja, und wer hat's erfunden? Die alten Griechen behaupten, es wäre ihr Orpheus gewesen. Schlägt man im chronologischen Opernführer nach, muss man dieser These Recht geben. Das erste musikalische Bühnenwerk von Claudio Monteverdi, der neben Jacopo Peri und Giulio Caccini zu den Schöpfern der Opernwelt zählt, heißt *Orpheus*. Der Inhalt erzählt eine bekannte Sage: Nachdem der Sänger Orpheus die Nymphe Eurydike geheiratet hat, wird diese beim Blumenpflücken von einer giftigen Schlange gebissen. Daraufhin steigt Orpheus zu Pluto in die Unterwelt hinab, um von ihm die verstorbene Gattin zurückzufordern. Der Gott gibt schließlich klein bei, aber nur unter der Bedingung, dass sich Orpheus auf dem Weg nach oben nicht zu Eurydike umdreht. Das muss natürlich schief gehen, und das tut es dann auch. Von dem Stoff gibt es unzählige Bilder, Filme, Theaterstücke, Bücher und Opern, selbst eine operettige Verhohnepipelung von Jacques Offenbach (*Orpheus in der Unterwelt*). In seinem 35-minütigen Einakter *Die Leiden des Orpheus* verlegt der Komponist Darius Milhaud den Mythos ins ländliche Südfrankreich: Der menschenscheue Bauer Orpheus wird von seiner Umwelt ausgegrenzt, weil er die Zigeunerin Eurydike liebt. Beide fliehen vor der kaltherzigen Dorfgemeinschaft, zu der auch ein Schmied (Tenor), ein Korbmacher (Bass) und ein Wagner (Bariton) gehören. Jedoch erkrankt Eurydike in einem Wald der Camargue so schwer, dass jede Hilfe zu spät kommt. Orpheus kehrt allein in seine Hütte zurück und wird dort von den Schwestern Eurydikes für deren Tod verantwortlich gemacht. Schließlich bringen ihn die drei Frauen um. Im Paradies ist das Pärchen wieder glücklich vereint.

Diese Gewerke auch hier:

Die Lehrbuben oder Graf und Wagner, Posse von C. Millöcker

Einfaltspinsel gewinnt flotten Feger
Besenbinder, Bürsten- und Pinselmacher

Nein, hinter dem Einfaltspinsel steckt ursprünglich kein Maler, sondern ein Schuster. Pinn steht nämlich für den hölzernen Schuhnagel und Sul für die Schusterahle. In Gaetano Donizettis komischer Oper *Der Liebestrank* wird jedoch der Bauer Nemorino als solcher besungen, weil er in die schöne Pächterin Adina vernarrt ist: nur leider sie nicht in ihn. Nemorino geht deshalb zu einem Arzt (der im Grunde gar kein richtiger Mediziner ist) und verpflichtet sich in einer letzten Verzweiflungstat beim Militär. Doch all das zeigt bei dem flotten Feger keinerlei Wirkung. Erst als sich der Tenor mit zwei Flaschen Rotwein ordentlich die Kante gibt, ändert Adina ihre Meinung. Neue Besen, die gut kehren, sieht man dagegen eher selten auf einer Opernbühne. Umso häufiger erscheint der Besen, der Haare auf den Zähnen hat. So kommt zum Beispiel das Modell „Fricka" aus der Serie „Zänkischer Hausdrachen" gleich mehrere Male in Richard Wagners *Der Ring des Nibelungen* zum Einsatz. Wer eher auf ein Fabrikat aus der Reihe „Eifersüchtiges Schwiegermonster" schwört, sollte mit „Kabaniča" aus Leoš Janáčeks *Katja Kabanowa* glücklich werden. Dass die eine oder andere Hexe durchaus zur Selbstironie fähig ist, zeigt sie, indem sie auf einer Variante aus Birkenreisig durch die Lüfte rauscht. Tja, und wer stellt diese Besen her? Gegenwärtig gilt der Besenbinder als fast ausgestorben; aber eben nur fast. Denn in Zeiten, in denen das Wort Umweltfreundlichkeit gar nicht groß genug geschrieben werden kann, schmeißt man das Plastikding in die Ecke und greift lieber wieder öfter zu Mutti Natur.

EINFALTSPINSEL GEWINNT FLOTTEN FEGER

*

Diese Entwicklung bekommt auch der Besenbinder Peter in Engelbert Humperdincks Oper *Hänsel und Gretel* zu spüren. Bis jetzt sehen die Absatzzahlen auf dem globalen Besenmarkt alles andere als rosig aus. Aufgrund der Stagnation ist Peters Ehefrau Gertrud gezwungen, hauseigene Stellen kurz- bis mittelfristig abzubauen oder ins Ausland, sprich: in den Herrenwald, zu verlagern. Bei einer unangemeldeten Betriebsinspektion kann die Geschäftsführerin die mangelnde Leistungsbereitschaft ihres Personals feststellen: „Und du, du Schlingel, in all den Stunden nicht mal die wenigen Besen gebunden?" Die logische Folge ist die fristlose Kündigung. Nachdem Hänsel und Gretel den Firmensitz verlassen haben, erscheint Peter mit der frohen Botschaft, dass er neue Investoren gewinnen konnte. Vor allem seine baritonal vorgetragenen Schlagworte „Kauft Besen! Kauft Besen! Gute Feger, feine Bürsten, Spinnenjäger!" hätten die Anleger letztlich überzeugt, so Peter. Als er den Vertragsabschluss mit einem Schluck Kümmel feiern will, stellt der Inhaber fest, dass seine komplette Belegschaft fehlt. Auf die Frage, wo diese denn abgeblieben sei, zuckt Gertrud nur mit den Schultern: „Ja, wüsste man's!" Peter nimmt den Prototyp zu Demonstrationszwecken von der Wand und macht deutlich, dass die Angestellten schnellstmöglich an ihre Arbeitsplätze zurückkehren sollten. Der Besenbinder und seine Frau begeben sich folglich auf die Suche und finden Hänsel und Gretel am Schluss der Oper in einer völlig verqualmten Kleinbäckerei, in der sie unter weitaus schlimmeren Bedingungen arbeiten mussten.

*

Engelbert Humperdinck muss ein Faible für Sauberkeit gehabt haben, denn in seiner anderen bekannten Oper *Königskinder* lässt der Komponist erneut einen Besenbinder auftreten. Auch eine Hexe ist wieder mit an Bord. Sie gibt sich gegenüber der Gänsemagd als ihre Großmutter aus, was natürlich erstunken und erlogen ist. Denn in Wirklichkeit ist das Mädchen blauen Blutes. Vorerst jedoch zwingt sie ein Bann der Hexe – in modernen Inszenierungen kann es auch eine elektronische Fußfessel sein – an die Waldhütte, in welcher sie Brot backen muss. Da die Hexe von dem Zauberwort „Bio" offenbar noch nie gehört hat, wird die Backware mit hochgiftigen Konservierungsmitteln vollgestopft. Eines Tages wird die Gänsemagd von einem im Untergrund lebenden Königssohn überrascht, der ihr für einen Kuss seine Krone überlässt und wieder von dannen zieht. Kurze Zeit später steht erneut Männerbesuch vor der Tür. Diesmal sind ein Spielmann, ein Holzhacker und besagter Besenbinder vorbeigekommen, weil sie eine Frage aus dem astrologischen Bereich auf dem Herzen haben. Sie wollen von der Hexe wissen, wer in Hellabrunn zukünftig regieren wird. Darauf antwortet sie in schnippischem Alt, dass es die Person sei, die morgen Mittag durchs Stadttor geschlendert käme. Erst jetzt bemerkt der Spielmann die Gänsemagd und deckt deren wahre Identität auf. Daraufhin stößt ihr Sopran einen Jubelschrei aus, der Bann löst sich, und zusammen mit dem Spielmann macht sich die Gänsemagd auf den Weg nach Hellabrunn. Dort schreitet sie am nächsten Tag pünktlich um zwölf durch das Stadttor. Allerdings wird die Begeisterung des Königssohns, der sie auf der anderen Torseite als Königin begrüßt, nicht vom Volk geteilt. Das junge Paar wird vertrieben, der Spielmann landet hinter schwedischen Gardinen, die

Hexe sogar auf dem Scheiterhaufen. Zu Beginn des dritten Aktes hat der Spielmann das frei gewordene Hexenhaus bezogen. Plötzlich erscheinen Holzhacker und Besenbinder, um ihn zu überreden, doch wieder nach Hellabrunn zurückzukehren. Diesem Vorschlag erteilt der Spielmann eine Absage, dann zieht er los, um die Königskinder zu finden. Minuten später klopft der Prinz an die Tür und bittet um etwas Essen für die kranke Gänsemagd. Doch erst als er die Krone in Stücke schlägt und den Herren Holzhacker und Besenbinder zum Tausch anbietet, erhält er das noch immer in der Lade liegende Brot. Kurz darauf entdeckt der Spielmann die gestorbenen Königskinder …

*

Das letzte Märchen mit einem Besenbinder ist zwar komisch gemeint, vermittelt aber ein Frauenbild, welches einer Alice Schwarzer wohl den weißen Schaum vor den Mund treiben dürfte. Zu Beginn von Norbert Schultzes Oper *Schwarzer Peter* treffen sich der reiche König Klaus und der arme König Hans zum Kartenspiel. Was den Abend so ungewöhnlich macht, ist, dass der Sterndeuter beiden Monarchen noch heute Nachwuchs versprochen hat. Und tatsächlich: Die Prophezeiung trifft ein und der Jubel kennt keine Grenzen. Doch schon im zweiten Bild bricht ein Streit unter den Ammen aus, ob die Säuglinge denn überhaupt männlich seien. Der Sterndeuter sieht mit dem Fernrohr nach: Das Kind von König Hans ist ohne jeden Zweifel ein Junge – puh, Schwein gehabt –, aber König Klaus sollte sein Kind nicht mehr mit Erich ansprechen, sondern mit Erika. Daraufhin erklärt König Klaus seinem Spielkameraden kurzerhand den Krieg. König Hans wird vernichtend geschlagen und muss mitsamt Königin und Sohn

Roderich in die Lüneburger Heide flüchten. Fünfzehn Jahre und ein weiteres Bild später versucht König Hans, bei den Handwerkern Arbeit zu finden. Doch er hat außer dem Regieren und dem Spielen von Schwarzer Peter nichts gelernt. Der junge Roderich hat da mehr Glück: Er findet einen Ausbildungsplatz bei einem Besenbinder. Im vierten Bild genießt Roderich gerade seinen Feierabend, als plötzlich ein Unwetter aufzieht und er ein schreiendes Mädchen durchs Heidekraut rennen sieht. Es ist Erika, die aber sofort wieder nach Hause will, weil ihr Vater für den morgigen Tanztee ein Dutzend Prinzen eingeladen hätte. Da nach jeder Feier bekanntermaßen gefegt werden muss, schnappt sich Roderich eine Ladung neuer Besen und fährt zum Schloss von König Klaus. Dieser fühlt sich furchtbar elend, weil er so gern mal wieder Schwarzer Peter spielen möchte. Erika erklärt den Prinzen, dass sie denjenigen zum Manne nimmt, der ihr die schönsten Blumen schenkt. Da erscheint Roderich. Er drückt Erika einen blühenden Heidekrautbesen in die Hand und die Sache scheint geritzt. Nur König Klaus will so einen als Schwiegersohn nicht im Hause haben. Nachdem er mit einer Kanne Grog, einem Ausflug in die Lüneburger Heide und einer Runde Schwarzer Peter besänftigt wurde, ändert er seine Meinung. Bleibt nur noch diese eine Frage: Haben Sie Ihrer Frau statt Blumen schon mal einen Besen mitgebracht?

Diese Gewerke auch hier:

Der Meister, Die Meisterin und *Jobst, Fridolin, Dietrich, Gesellen,* in *Die drei gerechten Kammmacher* von C. v. Pászthory

Husch, husch ins Körbchen
Flechtwerkgestalter und Korbmacher

———————

Wer seine Einkäufe in einem Korb nach Hause trägt, hält nicht einfach nur einen Gebrauchsgegenstand in der Hand. Das Geflecht aus Weidenzweigen dient seit dem Mittelalter als Metapher für das Techtelmechtel zwischen den Geschlechtern. Einen ganz ungeheuerlichen Vorgang schildert uns Hans Sachs in einem seiner Meistergesänge: Weil ein Burgfräulein dem werbenden Freier nichts abgewinnen kann, schickt sie ihm einen qualitativ minderwertigen Korb hinunter, dessen Boden beim Heraufziehen durchbricht. Der Mann ist demnach „durch den Korb gefallen" oder „unten durch". In *Feuersnot* von Richard Strauss bindet Diemut den Korb auf halber Höhe fest und lässt den armen Kunrad „in der Luft hängen". In *Die Meistersinger von Nürnberg* will uns Richard Wagner weismachen, dass der Lehrbube David den lautenzupfenden Sixtus Beckmesser verprügelt. Dabei war's die Eva! Im Volkslied *Der werbende Schreiber* aus dem 16. Jahrhundert lässt die Angebetete den Korb mitsamt männlichem Inhalt fallen. Weitaus freundlicher ging man früher in Westfalen mit dem Brautwerber um. Dort deutete ein Mittelsmann dem Brautvater das bevorstehende Ersuchen an. War der Junge als Schwiegersohn unerwünscht, stellte man rechtzeitig einen geflochtenen Korb an Haus oder Hofeingang. Beim niederdeutschen „Korbtanz" sitzt das Mädchen mit einem Korb auf dem Schoß und wartet nur darauf, dem einen die Hand, dem anderen hingegen „einen Korb zu geben". Dann doch lieber allein unter Hennen zum Markt getragen werden, folglich „Hahn im Korb" sein. Vorsicht sei aber bei einem Wäschekorb angebracht, sonst landet man womöglich wie Sir John Falstaff in Giuseppe Verdis gleichnamiger Musikkomödie oder Otto Nicolais *Die lustigen Weiber von Windsor* im eiskalten Fluss.

*

In einer seiner Opern schickt uns Charles Gounod in die Provence, genauer gesagt nach Arles, wo wir *Mireille* kennenlernen. Und um ein mögliches Missverständnis gleich im Vorfeld auszuschließen: Nein, ihr Familienname lautet nicht Mathieu. Am Morgen des Johannistags pflücken die Magnanarelles – das sind Seidenraupenzüchterinnen – die für die Larven bestimmten Blätter. Wie alle Französinnen singt Mireille während der Arbeit von der Liebe. Sie hat sich in den Korbflechter Vincent verliebt, er glücklicherweise auch in sie, nur Vater Ramon ist strikt gegen die Liaison. Da tritt die Zigeunerin Taven an Mireille heran, um ihr zu sagen, dass sie etwas im Kaffeesatz gelesen habe – natürlich nichts Gutes. Es gebe da drei weitere Männer im Dorf, die sich Hoffnungen auf das Bauernmädchen machen. Einer von ihnen ist der Stierhirt Ourrias. Er stößt im dritten Akt auf den Nebenbuhler, und zwar wortwörtlich: mit einem Dreizack. Vincent geht zu Boden, aber Taven steht schon mit dem Erste-Hilfe-Kasten bereit und rettet den Tenor in allerletzter Minute. Für Mireille ist das alles zu viel der Aufregung. Mag der Geliebte auch erstaunlich schnell genesen und Papa seine Meinung doch noch ändern: Das hübsche Ding haucht mit einem Adieu ihr junges Leben aus.

Diese Gewerke auch hier:

Der Korbmacher, eine komische Oper von S. Arnold
Die Stuhlflechterin in *Louise* von G. Charpentier
Korbmacher in *Die Leiden des Orpheus* von D. Milhaud

Was machst du denn da? Nimm doch die Löte!
Kupferschmiede, Kesselmacher, Kesselflicker

Der folgende Satz gehört zu den klassischen Szenen einer Ehe: „Dafür brauchen wir keinen Handwerker, das repariere ich selbst!" Bei der Zubereitung des Mittagessens fällt der Hausfrau auf, dass in ihrem Topf ein Loch ist. Jetzt könnte Liese das kaputte Ding einfach entsorgen, ins nächste Kaufhaus rennen und ein neues, industriell hergestelltes Massenprodukt erwerben. Aber es handelt sich um ein altes Erbstück, und an dem hängt sie. Leider erweist sich der Gatte bei der Lösung des Problems als wenig hilfreich. Dieser schlägt nämlich vor, das Loch provisorisch mit Stroh auszustopfen. Glücklicherweise scheitert dieser Pfusch schon im ersten Arbeitsschritt, da sich mit einem stumpfen Messer kein Stroh zuschneiden lässt. Auf die Idee, das Branchenbuch in die Hand zu nehmen, um die Dienste eines Kesselflickers in Anspruch zu nehmen, kommt Heinrich jedenfalls nicht. Fragt sich also, wer in dem bekannten Volkslied wirklich der Dumme ist.

*

Handwerker können nicht nur eine löchrig gewordene Partnerschaft wieder flicken, sondern sind auch bei der Schließung einer neuen Ehe unentbehrlich. Ob Etagentorte, Brautkleid, Hochsteckfrisur, Eheringe, kalte Platten, heiße Fotos oder das neue Paar Schuhe: Ohne diese Dinge wäre es wohl kaum der schönste Tag im Leben. Zudem sind es gerade die Handwerker, die auf einer Hochzeitsfeier für reichlich Stimmung sorgen. Das jedenfalls behauptet William Shakespeare, und der muss es ja wissen.

VERACHTET MIR DIE MEISTER NICHT

In seiner Komödie *Ein Sommernachtraum* treten gleich sechs Handwerker auf, die eine Art Hochzeitssketch proben und schließlich auch aufführen: Der Weber Zettel, der Zimmermann Peter Squenz, der Bälgeflicker Flaut, der Schreiner Schnock, der Schneider Schlucker und der Kesselflicker Schnauz. Der *Sommernachtraum* wurde schon mehrere Male für die Opernbühne adaptiert, u. a. von Henry Purcell und Ambroise Thomas. Doch den lustigsten Auftritt absolviert das Handwerkersextett in der Vertonung von Benjamin Britten. Die eigentliche Geschichte handelt von einer pflanzlichen Liebesdroge, deren Einsatz mittelschwere Beziehungskrisen auslöst, bis hin zum Seitensprung mit einem Esel. Dennoch findet am Ende jeder Topf seinen richtigen Deckel: Drei Ehen sind geschlossen oder zumindest vereinbart, eine weitere kann gerettet werden. Im letzten Akt krönen die Handwerker mit ihrer Verballhornung des Stücks *Pyramus und Thisbe* das Hochzeitsfest. Anschließend zeigen Zettel, Squenz, Flaut, Schnock, Schlucker und Schnauz mit dem schnellen Bauerntänzchen Bergamasca, dass sie auch eine heiße Sohle aufs Parkett legen können. Tschakka!

Diese Gewerke auch hier:

Pfanne, der Kupferschmidt, in *Der lustige Schuster* von F.A. Holly
Hochmut kömmt vor dem Fall oder Hanns der lustige Kesselflicker, Singspiel von J. Lacher
Schnauz (Sprechrolle), Kesselflicker, in *Die Feenkönigin* von H. Purcell
Der Drahtbinder, komische Oper von F. Škroup
Hans Foltz, Kupferschmied, in *Die Meistersinger von Nürnberg* von R. Wagner
Der Kupferschläger, komische Oper von J.D. Zander

Probeschüsse, Probenschlüsse
Büchsenmacher, Waffenschmiede und
Schneidwerkzeugmechaniker

Geschwindelt wird ja überall im Leben. Doch im Theater wird selbst beim Tod gelogen, dass sich die Bühnenbalken biegen. Der mörderische Schuss wird nämlich von der Seite abgefeuert. Dort hockt der Requisiteur im Dunkeln und wartet, bis es soweit ist. Dann der Knall, jetzt der Fall, und sofern möglich, bitte in genau der Reihenfolge. Weshalb nicht gleich an der Rampe gefeuert wird? Dafür sind die zarten Künstlerohren leider gänzlich ungeeignet. In auffallend vielen Geschichten hat derjenige, der mit Waffen zu tun hat, einen guten Draht zur Unterwelt. Als der Sensenmann an die Tür vom Brandner Kaspar klopft, serviert ihm der Büchsenmacher einen Kirschschnaps nach dem anderen. Beim anschließenden Kartenspiel erschleicht sich Kaspar weitere 14 Jahre, die er am schönen Tegernsee verbringen darf.

*

Ein solches Glück wird seinem Namensvetter in Carl Maria von Webers *Der Freischütz* nicht zuteil. Zwar wird uns Kaspar in dieser ersten deutschen Nationaloper als Jägerbursche vorgestellt, aber er erledigt merkwürdig viele Arbeiten eines Büchsenmachers. Sein Kamerad Max hat beim Wettschießen daneben geballert und benötigt jetzt dringend Nachhilfestunden, da beim morgigen Probeschuss nicht weniger auf dem Spiel steht als eine lukrative Schießbude und die Hand der hübschen Försterstochter Agathe. Kaspar jedoch hat ganz andere Nöte. Er unterschrieb einen Knebelvertrag beim Bestatter Samiel und soll nun für regelmäßigen Nachschub sorgen. Andernfalls muss Kaspar selbst in die grüne Aue beißen. Der Bass hat aber von dem Klischee gehört, dass Tenöre nicht besonders schlau sein sollen. Und tatsächlich: Kaspar kann Max überreden, gegen Mitternacht in der Wolfsschlucht aufzukreuzen, damit man gemeinsam Munition herstellen könne. Das geschieht natürlich nicht ohne Lärm, sodass mehrere Tiere des Waldes und einige Zuschauer im Saal um ihren wohlverdienten Schlaf gebracht werden. Egal, die sieben Freikugeln sind gegossen, kurz darauf verschossen, nur eine ist noch übrig – und die ist für Agathe reserviert. Doch Max knallt versehentlich Kaspar ab und verteidigt damit seinen Ruf als schlechtester Schütze von ganz Böhmen.

*

Hingegen lässt Albert Lortzing in seiner Oper *Der Waffenschmied* gar keine Totenscheine ausstellen. Als wir kurz vor Feierabend in einer Werkstatt vorbeischauen, schmettert die gesamte Belegschaft gerade das Loblied „Sprühe Flamme! Glühe Eisen!". Der Chef, ein gewisser Hans Stadinger, scheint einen guten Job zu machen: Das Arbeitsklima ist bestens, der Laden brummt. Doch über sein 25-jähriges Meisterjubiläum kann sich Stadinger trotzdem nicht so recht freuen, da er zu Hause ein Problem sitzen hat. Nein, diesmal ist es nicht die Ehefrau, sondern die Tochter. Diese heißt Marie und muss entweder schrecklich doof oder aber immens kurzsichtig sein. Vielleicht auch beides. Das Mädchen kann sich nämlich nicht entscheiden, ob sie nun den Gesellen Konrad oder doch lieber den Grafen von Liebenau heiraten soll. Wie gern würde man aus dem Rang brüllen, dass dies völlig egal sei, weil es doch sowieso derselbe Baritonsänger ist. Das wird auch dem Vater irgendwann zu bunt. Er stellt seine Tochter vor die Wahl, entweder ins Kloster zu gehen oder aber einen Tenor zu heiraten. Man weiß ehrlich nicht, was schlimmer ist. Da sich auch Marie nicht entschließen kann, urteilt der Magistrat zu Lasten des Baritons. Nun muss der arme Konrad Marie zur Frau nehmen.

*

Der Schmied Smee aus Franz Schrekers Zauberoper *Der Schmied von Gent* ist jemand, den man heute vermutlich als Waffenschieber bezeichnen würde. Da er sowohl die spanischen Besatzer als auch seine niederländischen Landsleute mit Rüstungen und Waffen versorgt, sind die Auftragsbücher und Ladenkassen ordentlich gefüllt. Als er jedoch vom Mitbewerber Slimbroek verpfiffen wird, gerät Smees Geschäft in die roten Zahlen. Erst gehen die Bestellungen zurück, dann die Anzahl der Arbeitnehmer, schließlich will sich der Chef sogar das Leben nehmen. Da bieten ihm teuflische Mächte (der Bundesnachrichtendienst? die bayerische Staatskanzlei?) einen Pakt an: Er darf noch sieben Jahre in Wohlstand verbringen, danach erwarte ihn die Hölle. Weil Smee im Verlauf dieser Zeit durch eine gute Führung glänzt, öffnet ihm Petrus am Lebensende doch noch die Himmelspforte. Alle Ähnlichkeiten mit lebenden Personen und realen Handlungen sind rein zufällig.

*

Im musikalischen Schauspiel *Der Evangelimann* von Wilhelm Kienzl lernen wir den bassbuffonesken Büchsenmacher Anton Schnappauf kennen – leider nur flüchtig. Er verbringt die abendliche Freizeit mit dem Schneider Xaver Zitterbart beim Kegeln. Nachdem man sich im Wirtsgarten des Klosterhofs einige Gemeinheiten an den Kopf gehauen hat, könnte das Spiel eigentlich starten. Doch wer macht den Anfang? Weil sich Zitterbart gar so ziert, schiebt Schnappauf die ersten Kugeln und erreicht prompt sechs Punkte. Nun muss der Schneider ran, aber er blamiert sich bis auf die Knochen, weil er nur daneben wirft. Der Chor verhöhnt den armen Zitterbart, doch als dieser die letzte Kugel wütend auf die Bahn schmeißt, trifft er alle neun Kegel. Schnappauf hält sich als guter Verlierer an die Regel, dass man immer dann aufhören soll, wenn's am schönsten ist. Also jetzt.

Diese Gewerke auch hier:

Brandner Kasper, Büchsenmacher, in *Der Brandner Kasper* von C. Auer
Zwei Scherenschleifer in *Experimentum mundi* von G. Battistelli
Harry Smith, Waffenschmied, in *Das schöne Mädchen von Perth* von G. Bizet
Der Scherenschleifer, Faschingsoper von J.B. Henneberg
Der Waffenschmied, komische Oper von F. Kauer
Der Scherenschleifer in *Eli* von W. Steffens
Hans Rosenplüt, Büchsenmacher und Dichter, in *Die Meistersinger von Nürnberg* von R. Wagner
Muthart, Waffenschmied der Marienburg, in *Der Schmied von Marienburg* von S. Wagner

Hinter der Bühne:

Zwar ist Sixtus Beckmesser in *Die Meistersinger von Nürnberg* von Beruf Stadtschreiber, doch sein Name weist ihn als „Beck", der alten Bezeichnung für Bäcker, und „Messer(er)", sprich, Messerschmied aus. Richard Wagner überlegte zunächst, diese Figur – in Anspielung auf den Wiener Musikkritiker und erbitterten Gegner Eduard Hanslick – „Veit Hanslich" zu nennen, entschied sich dann aber doch für Beckmesser. Deshalb nennt man das kleinliche Herumnörgeln und Festhalten an alten Regeln „Beckmesserei".

Von ganzen Kerlen und ihren Maschinen
Mechaniker und Maschinisten

Na, kleine Führung gefällig? Dann begleiten Sie mich jetzt bitte dort hinauf, wo sonst immer die Walküren und andere Maschinen stehen, nämlich auf die Bühne. Wir befinden uns nun also zwischen der Brandmauer hinter uns, dem Bühnenportal vor uns, und den beiden Seitenbühnen, eine rechts, eine links.

Ganz allgemein sind wir hier im Bereich der Hauptbühne, doch das, worauf wir jetzt stehen, nennt man Drehbühne. Wie der Name schon verrät, kann diese kreisrunde Fläche gedreht werden, um Darsteller und Kulissen zu transportieren. Die Drehbühne ist folglich dazu da, das Bühnenbild in Bewegung zu setzen, sprich, es zu verändern. Die Riesenscheibe ist fest im Bühnenboden eingebaut und erstreckt sich als Teil der Untermaschinerie über die gesamte Unterbühne. Diese Drehbühne enthält aber auch Versenkeinrichtungen und Hubpodien, mit denen man mechanisch so gut wie alles erst auftauchen und dann wieder verschwinden lassen kann. Zudem können die Bauten mit einem Bühnenwagen zur Seiten- oder Hinterbühne weggefahren werden. Und jetzt gucken Sie mal nach oben! Alle Maschinen, die über dem Bühnenboden sind, gehören zur Obermaschinerie. Dazu zählen die Zugvorrichtungen in einer begehbaren Zwischendecke, dem Schnürboden. Die darin montierten Züge sind gleichmäßig verteilt und dienen zur vertikalen Positionierung ganzer Kulissenteile, aber auch von Stoffbahnen und Bühnenprospekten. Dafür ist so viel Platz notwendig, dass das Bühnenhaus doppelt so hoch ist wie der vom Publikum einsehbare Bühnenraum. Der Schnürboden wird vom Schnürmeister und seinen Mitarbeitern bedient, die an manchen Theatern auch als Obermaschinisten bezeichnet werden.

*

Und da kommt auch schon der Theatermaschinist in Begleitung der Putzfrau auf die Bühne, weil die beiden gleich zu Beginn des zweiten Aktes von Leoš Janáčeks *Die Sache Makropulos* ihren Auftritt haben. Also ein klassischer Fall von Theater im Theater – toi, toi, toi. Auf dem Weg zum Zuschauerraum erzähle ich Ihnen aber noch, was bisher passiert ist: Kaiser Rudolf II. dürstet es nach 300 zusätzlichen Erdenjahren und deshalb gibt er bei seinem Leibarzt Makropulos ein entsprechendes Getränk in Auftrag. Dieser mischt etwas zusammen, probiert das Mittel an seiner Tochter Elina aus, die daraufhin ins Koma fällt. Die Vorgeschichte endet damit, dass der Arzt ins Gefängnis kommt. Im ersten Akt wird in einer Anwaltskanzlei gerade der Erbschaftsstreit zwischen Jaroslav Prus und Albert Gregor verhandelt, der sich nun schon seit Jahrzehnten hinzieht. Bei der Besprechung ist auch die Opernsängerin Emilia Marty zugegen, die angibt, dass Albert Gregor ein Nachfahre des verstorbenen Barons Prus und der Sängerin Ellian MacGregor sei. Zudem teilt sie den genauen Fundort des Testaments im Hause Prus mit. Wenig später kehrt der Anwalt mit den gefundenen Papieren zurück, die Jaroslav Prus jedoch erst übergeben will, wenn der Beweis vorliegt, dass Albert Gregor der Erbe ist. Jetzt hebt sich der Vorhang zum zweiten Akt, obwohl im Stück die Vorstellung eigentlich schon zu Ende ist. Die Putzfrau, hauptberuflich Altistin, und der Theatermaschinist, ein Bass, unterhalten sich über den Auftritt von Emilia Marty, der bombig gewesen sein muss. Unter den Verehrern ist ein älterer Mann, der in Marty die Sängerin Eugenia

Montez wiederzuerkennen glaubt, mit welcher er vor fünfzig Jahren eine Affäre hatte. Marty erhält Besuch von Jaroslav Prus, der in den Unterlagen Liebesbriefe gefunden hat, die mit E. M. unterschrieben sind. Nach seiner Vermutung ist nicht Ellian MacGregor die Mutter des Erben, sondern Elina Makropulos. Marty schlägt Prus einen pikanten Handel vor: Wenn er ihr alle Dokumente überlässt, werde sie die heutige Nacht mit ihm verbringen. Am nächsten Morgen erhält Marty von Prus das Testament. Doch ihr geht es nicht um das Vermögen oder die Briefe: An das Testament ist eine griechische Formel geklammert, die ihr, E. M., das Leben für weitere 300 Jahre verlängern soll. Aber jetzt, da sie ihr Ziel erreicht hat, will sie nicht mehr. Die Formel wird verbrannt und Elina Makropulos bricht tot zusammen.

*

Im Sinne einer besseren Positionierung auf dem Arbeitsmarkt kann es nie verkehrt sein, eine zweite oder gar dritte Ausbildung abzuschließen. In Leoš Janáčeks Oper *Katja Kabanowa* wird uns Wanja Kudjrasch zugleich als Lehrer, Chemiker und Mechaniker vorgestellt. Trotz seiner vielen Berufe scheint Wanja aber viel Freizeit zu haben, die er gern mit seiner Freundin Barbara an der frischen Luft verbringt. Am Anfang der Geschichte sitzt Wanja auf einer Bank im öffentlichen Garten von Kalinow und genießt den herrlichen Blick auf die Wolga. Auf der rechten Seite befindet sich das Haus der Familie Kabanow, welches von einem weiblichen Drachen, der Kabanicǎ, bewacht wird. Deren Sohn Tichon ist mit Katja, der Titelfigur, verheiratet. Da Kabanicǎ zutiefst eifersüchtig auf ihre Schwiegertochter ist, schickt sie erst Tichon auf eine zweiwöchige Reise, schließt dann die Gartentüre ab – und Katja damit ein. Diese leidet schon lange unter der

Kabanow'schen Gefühlskälte und liebt insgeheim den hübschen Boris aus Moskau. Bei den Kabanows lebt aber auch Kabaničas lebensfrohe Pflegetochter Barbara, die über Katjas Kummer genau im Bilde ist. Sie tauscht heimlich den Schlüssel der Pforte gegen einen anderen aus, nimmt Katja an die Hand und läuft mit ihr hinter den Garten. Dort kommt es zwischen Barbara und Wanja sowie Katja und Boris zu einem Sommernachtstreffen der Liebespaare. Zu Beginn des dritten Aktes tobt ein starkes Gewitter, welches Katja als schlimmes Omen sieht. Völlig aufgelöst gesteht sie dem gerade zurückgekehrten Ehemann vor versammelter Mannschaft den Seitensprung mit Boris. Daraufhin wenden sich alle von Katja ab, sogar Barbara und Kudjrasch fliehen nach Moskau. Das junge Ding stürzt sich – mit Ehering – in die wogenden Wellen der Wolga.

*

Max Brand gehört zu den jüdischen Komponisten, deren Opern in der Zeit der Weimarer Republik sehr erfolgreich waren, dann aber im Dritten Reich nicht mehr gespielt werden durften und heute so gut wie vergessen sind. Doch während beispielsweise *Die Gezeichneten* von Franz Schreker oder *Die tote Stadt* von Erich Wolfgang Korngold den Weg zurück in die Spielpläne fanden, wartet Brands *Maschinist Hopkins* noch immer auf eine dauerhafte Wiederbelebung. Mit ihrer Maschinen-Romantik erinnert diese erste deutsche Fabrikoper ein wenig an den Fritz-Lang-Film *Metropolis*, der zwei Jahre früher uraufgeführt wurde. Aber inhaltlich ist *Maschinist Hopkins* kein futuristisches Stück, sondern eher eine Mixtur aus Ehedrama und Thriller. Brand schrieb dazu eine überaus farbige Musik, die sogar Jazz-Elemente und Maschinengeräusche enthält. In der Vorgeschichte kommt es zwischen dem Vorarbeiter Jim und dem Maschinisten Bill zu einem Kampf, in welchem Jim vom Schwungrad einer Maschine getötet wird. Der erste Akt spielt Jahre später: Bill, der inzwischen mit Jims früherer Ehefrau Nell verheiratet ist, plant, Chef der Fabrik zu werden und diese stillzulegen. Der Maschinist Hopkins versucht, dieses Vorhaben zu vereiteln, da es sonst zu Massenentlassungen käme. Obwohl Nell in Hopkins verliebt und ihm hörig ist, kann Bill das Machtspiel für sich entscheiden und feuert den Maschinisten. Als sich der neue Direktor in der Maschinenhalle vorstellen will, wird er von einigen Arbeitern als Jims Mörder erkannt. Daraufhin taucht Bill als Handwerker in der Fabrik unter. In einer Spelunke kommt ihm zu Ohren, dass Nell inzwischen im horizontalen Gewerbe tätig sei. Bill stürzt nach Hause, findet seine Frau mit einem Freier vor und bringt sie um. Im Finale versucht der verwirrte Bill, eine Explosion herbeizuführen, wird aber vom zufällig erscheinenden Hopkins unter das Schwungrad gestoßen und stirbt damit auf die gleiche Weise wie Jim. Das Leben geht weiter – und natürlich auch die Arbeit in der Fabrik.

Diese Gewerke auch hier:

Wan, Maschinist, in *Tai Yang erwacht* von J.K. Forest
Der Mechaniker in *An der schönen blauen Donau* von F. Hummel
Bannadonna, Gießer und Mechaniker, in *Der Glockenturm* von E. Krenek
Der Maschinist in *Shambhala* von B. Liberda
Der Chefmaschinist und *Maschinisten* in *Die unschuldig verdächtigte Ehefrau* von V. Stephan
Jack, ein Mechaniker, in *Hochzeit im Hochsommer* von M. Tippett

Ach du heiliger Bimbam!
Metall-, Glockengießer und Metallbildhauer

Wenn Regisseur Hans Neuenfels auf der Bühne mit silbernen Hoden klimpern lässt, dann klingen die Glocken tatsächlich nie süßer als in Wolferls unverwüstlicher *Zauberflöte*. Dabei kommen die Töne aus dem Graben nicht immer von einem Glockenspiel, sondern möglicherweise von der farblich viel weicheren Celesta. Neben Mozart waren viele andere Komponisten vom Klang der Glocken fasziniert, etwa Pietro Mascagni (*Cavalleria rusticana*), Giacomo Puccini (*Tosca*), Richard Wagner (*Parsifal*) und Modest Mussorgski (*Boris Godunow*). Und was wurde im Orchester nicht schon alles ausprobiert, um eine Kirchenglocke musikalisch zu imitieren: Kreissägeblätter in Holztrommeln, ostasiatische Chau Gongs oder mannshohe Messingröhren zählen fraglos zu den kuriosesten Experimenten auf diesem Gebiet. Heutzutage schlägt der Percussionist am häufigsten mit einem Hammer aus Hartplastik oder Gummi auf längliche, hohle Metallstäbe, kurz Röhrenglocken genannt, die an einem Ständer angebracht sind. Vermutlich haben im Mittelalter irische Wandermönche die Glocke zu uns geschleppt. Seitdem ist eine abendländische Kultur ohne Gebimmel weder denk- noch hörbar. Die Glocke läutet aber nicht nur zum Gottesdienst, sie warnt auch vor biblischen Plagen, also Naturkatastrophen.

*

Von Gerhart Hauptmanns Drama *Die versunkene Glocke* gibt es gleich mehrere Vertonungen, aber in der bekanntesten hört der

Glockenschmied Heinrich auf den Namen Enrico und singt auf Italienisch. Dieser hat zu Beginn von Ottorino Respighis Oper eine neue Glocke gegossen, die beim Transport vom Wagen rutscht und in einem See versinkt. Beim Versuch, sein Meisterstück zu bergen, begibt sich Enrico in höchste Gefahr und muss von der leicht bekleideten, elfenhaften Rautendelein durch deren heiße Küsse gerettet werden. Diese an sich recht angenehme Behandlung hat jedoch eine schlimme Nebenwirkung: Enrico verlässt seine Ehefrau Magda sowie die zwei Söhne und zieht mit seiner Therapeutin ins Hochland. Das geht bis zum vierten Akt gut, dann ertränkt sich Magda im See und stößt dabei an die versunkene Glocke. Da das Geläut noch im Gebirge zu hören ist, meldet sich bei Enrico das schlechte Gewissen. Daraufhin rafft der Schmied sein Werkzeug zusammen und läuft zurück ins Tal. Bevor auch ihn der Tod ereilt, wünscht er sich einen letzten Kuss von Rautendelein. Doch von der sitzengelassenen Elfe bekommt er nur noch einen Schmatzer auf seine Knie.

*

Nein, das Werk *Der Glockenturm* handelt nicht von Lolo Ferrari, sondern von Bannadonna, einem Gießer und Mechaniker. Dennoch kommen in Ernst Kreneks Oper weder der Sex noch die anderen Dinge des stinknormalen Alltags zu kurz: Liebe, Hexerei, Mord, Verrat am Vater, Erfolg und fehlende Einsicht türmen sich in beinah ironischer Zuspitzung übereinander, bis das Ganze mit einem tödlichen Unfall ziemlich hässlich endet: Eine italienische Stadt ist zu Wohlstand gekommen und benötigt nun dringend ein entsprechendes Statussymbol. Daher erhält Bannadonna den Auftrag, eine Riesenglocke mit motorischem Antrieb zu fertigen. Der Handwerker wird aber zunehmend selbstgefälliger und ist sogar dazu bereit, für das Projekt über Leichen zu gehen. Als er sich aber mit Mutter Natur anlegt, zeigt ihm diese, wer am längeren Hebel sitzt: Bannadonna wird von seiner eigenen Maschine erschlagen.

*

Nun pilgern wir mit *Benvenuto Cellini* nach Rom. Was der florentinische Bildhauer und Goldschmied dort um 1530 zwischen Rosenmontag und Aschermittwoch alles angestellt hat, erfahren wir in einer abendfüllenden Oper von Hector Berlioz: Während der Schatzmeister Balducci bei einer Audienz Seiner Heiligkeit weilt, wird die Tochter Teresa von ihrem Freund Cellini besucht. Das Liebespaar plant für den folgenden Tag die Flucht, was der heimlich hinter einem Vorhang hockende Fieramosca mithört. Doch der Konkurrent Cellinis muss diesen Lauschangriff mit blauen Flecken bezahlen, da er vom heimkehrenden Balducci für einen Eindringling gehalten und verprügelt wird. Derweil kann sich Cellini unbemerkt aus dem Staub machen. Am Fastnachtsdienstag sitzen Cellini und seine Lehrlinge in einer Kneipe, trinken Wein und singen ein Loblied auf das Schmiedehandwerk. Mit Ascanio tritt ein weiterer Lehrling auf, der seinem Meister einen Scheck der Vatikanbank überreicht. Der Vorschuss ist allerdings an die Bedingung geknüpft, dass die Skulptur des Perseus am nächsten Tag zu gießen sei. Cellini nickt und geht mit Ascanio hinaus auf den Platz, wo das Karnevalstreiben gerade in vollem Gange ist. Hier hat sich Cellini mit Teresa verabredet, doch Fieramosca ist ebenfalls zur Stelle, um den Plan der Turteltauben zu durchkreuzen. Das gelingt ihm zwar, aber nun wird er wegen versuchter Entführung eingesperrt. Am Aschermittwoch schaut der Papst höchstpersönlich in Cellinis Gießerei vorbei, die im Kolosseum errichtet wurde. Da der Bildhauer sein Versprechen nicht gehalten hat, erhält er eine letzte Frist. Aber sei die Staue bis zum Abend nicht fertig, so der Papst, dann lande er am Galgen. Cellini spuckt in die Hände und fängt sogleich mit der Arbeit an. In einer weiteren Verzweiflungstat versucht der wieder auf freien Fuß gesetzte Fieramosca, die Lehrlinge vom Schmelzofen wegzulocken. Cellini entdeckt seinen Gegenspieler und zwingt ihn zur Mitarbeit. Weil nicht genügend Rohmaterial vorhanden ist, werfen die Handwerker alle metallenen Gegenstände aus Cellinis Werkstatt in den Ofen. Begleitet von Nebelschwaden und einem lauten Knall fährt der formvollendete Perseus aus der Unterbühne empor. Auch Sie können das Meisterwerk bewundern: Es steht seit 1554 in der Loggia dei Lanzi in Florenz.

Diese Gewerke auch hier:

Der Glockengießer von Breslau, eine Volksoper von M. Böhm
Benvenuto Cellini, Bildhauer und Goldschmied, in *Benvenuto Cellini* von F. Lachner
Der Glockengießer, eine Oper von A. Lübcke
Balthasar Zorn, Zinngießer, in *Die Meistersinger von Nürnberg* von R. Wagner
Johannes Holzschuher, Erzgießer, in *Meister Martin der Küfer und seine Gesellen* von W. Weißheimer
Die versunkene Glocke, Musikdrama von H. Zöllner

Ein Helde naht
Metallbauer und Schmiede

Wann ist ein Mann ein Mann? Keiner bringt es wohl besser auf den Punkt als Herbert Grönemeyer: Der Mann ist muskulös, furchtbar stark, außen hart, innen weich und daher eben doch verletzlich. Selbst der kräftigste Held hat einen Punkt der Schwäche, sei er auch nur so klein wie die Sehne zwischen Wade und Ferse oder ein Lindenblatt. Dass ihm am Ende seiner Legende diese Schwachstelle zum Verhängnis wird, steht außer Frage. Der Mythos will es so. In Richard Wagners Tetralogie *Der Ring des Nibelungen* tritt der bekannteste Held des germanischen Sagenschatzes auf – sein Name: Siegfried, seine Mission: ein Ungeheuer schlachten. Dafür benötigt er ein scharfes Schwert, das laut einem dicken, altnordischen Wälzer vom Schmied Wieland gefertigt wurde, dem Sohn eines Riesen. Bei Wagner steckt der Gott Wotan das Schwert Notung in einen Eschenstamm, um es Siegfrieds Vater Siegmund zuzuspielen. Dieser zieht den Stahl im ersten *Walküren*-Akt heraus, begeht aber kurz darauf den Fehler, mit der eigenen Schwester Sieglinde zu schlafen, die zu allem Übel auch noch verheiratet ist. Kein Wunder also, dass Siegmund und dessen neue Waffe nur bis zum Ende des zweiten Aktes heil bleiben. Mit den Bruchstücken des Kampfgeräts irrt Sieglinde monatelang durch einen Wald, bringt in der Hütte des Zwergs Mime, der ebenfalls Schmied ist, Siegfried zur Welt – und stirbt.

*

Zu Beginn der Oper *Siegfried* kann der Titelheld schon sitzen und sprechen, aber sein kauziger Pflegevater hat sich in puncto

Fürsorge nicht gerade mit Ruhm bekleckert. Demzufolge ist das Verhältnis zwischen den beiden, na, sagen wir mal, angespannt. Da keines der Schwerter, die Mime bisher gebastelt hat, den Bärenkräften Siegfrieds standhielt, kramt der Zwerg das zerbrochene Notung hervor. Er berichtet – bei Wagner keine Seltenheit – was bisher geschah, woraufhin Siegfried von ihm fordert, die Bruchstücke zusammenzuschmieden. Alsdann stürmt der Naturbursche hinaus, wenige Minuten später tritt ein Wanderer über die Türschwelle. Es ist Wotan, der in seinem Namen nur noch das hohe Wagner-„W" führt und auch sonst ein „Anderer" geworden ist. Er verleitet Mime zu einem Quiz, bei dem viel auf dem Spiel steht: Eine falsche Antwort – und ab ist die Rübe. Auf die letzte Frage des Wanderers, wer Notung neu schmiedet, weiß sich Mime keinen Rat. Wotan zieht seinen Schlapphut und gibt dem Zwerg zum Abschied einen Hinweis: „Nur wer das Fürchten nie erfuhr, schmiedet Notung neu.". Und derjenige kümmere sich auch um das Zwergenhaupt. Erneut verpassen sich Enkel und Großvater nur um Haaresbreite. Mime will nun zwei Fliegen mit einer Klappe schlagen: Erst soll Siegfried das Ungetüm abmurksen, welches in der Neidhöhle auf dem Nibelungenschatz vor sich hin schlummert, und danach wird der Drachentöter mittels Gifttrank kaltgemacht. Der Nibelung schildert seinem Ziehsohn nur den vorderen Teil seines Plans, Siegfried ist begeistert. Er hämmert die Einzelteile Notungs kurzerhand selbst zusammen und singt dabei die herrlichsten Schmiedelieder. Währenddessen sieht man auf der anderen Bühnenseite eine Kochshow à la *alfredissimo!*, die ein wenig aus dem Ruder läuft. Kaum sind Gebräu und Waffe fertig, kann das Abenteuer starten. Im zweiten Akt lungern zunächst Wotan und Mimes Bruder Alberich vor der

Neidhöhle herum, dann treffen Mime und Siegfried ein. Dieser erschlägt den Riesenwurm, kostet von dessen Blut und versteht plötzlich die Sprache von Federvieh. Ein Waldvöglein informiert Siegfried über die Einzelheiten des Schatzes und mahnt zur Hellhörigkeit gegenüber Mime. Der kleine Schmied redet sich wortwörtlich um Kopf und Kragen, sodass Siegfried nunmehr erledigt, was Wotan schon vorab prophezeit hat: Exitus. Nun bittet das Waldvöglein um Hilfe: Der Held müsse zum brennenden Schlafgemach seiner Tante Brünnhilde eilen, um diese aus ihrer misslichen Lage zu befreien. Dass Opa Wotan etwas dagegen hat und sich ihm in den Weg stellt, kann Siegfried nicht mehr aufhalten. Er rettet Brünnhilde, erschrickt kurz, weil sie kein Mann ist, und beschließt, mit ihr zusammenzuleben. Ihr Glück währt leider nur bis zur nächsten und letzten *Ring*-Oper, der *Götterdämmerung*.

*

Von Nikolai Wassiljewitsch Gogols Erzählung *Die Nacht vor Weihnachten* gibt es zahlreiche Vertonungen, u. a. von Nikolai Andrejewitsch Rimski-Korsakow. Die am meisten gespielte Opernversion dürfte *Wakula der Schmied* von Pjotr Iljitsch Tschaikowski sein, deren Name später in *Die Pantöffelchen* geändert wurde. Die Geschichte rankt sich um die Zuneigung des Schmieds Wakula zu Oxana, dem schönsten Mädchen von Dykanka. Sie verlangt kurz vor dem Fest einen klaren Liebesbeweis und wünscht sich die Pantoffeln der Zarin zu Weihnachten. Na, wenn's weiter nichts ist: Wakula überlistet den Teufel, fliegt zur Zarin, erhält von dieser problemlos die Schuhe und saust wieder zurück. Oxana kann nun nicht mehr kneifen und tritt mit dem Schmied vor den Traualtar.

Diese Gewerke auch hier:

Bijou, Schmied, in *Der Postillon von Lonjumeau* von A. Adam
Wakula, Schmied, in *Der Schmied Wakula* von N.J. Afanassjew
Kova, Schmied, in *Schmied Kova* von S.A. Balassanjan
Zwei Schmiede in *Experimentum mundi* von G. Battistelli
Der Streik der Schmiede, Oper von M.J. Beer
Wieland, der Schmied, in *Wieland der Schmied* von J.L. Bella
Jan Rabo, ein Schmied, in *Die Herbergsprinzessin* von J. Blockx
Der Schmied von Damme in *Ulenspiegel* von W. Braunfels
Der Schmied aus der Prager Vorstadt, Melodram von S. Duniecki
Stefan, der Schmied, in *Der Aufstand* von H. Eder
Der Schmied in *Peer Gynt* von W. Egk
Stimme eines Schmieds in *Das kurze Leben* von M. de Falla
Jussuf, der Schmied, in *Der fröhliche Sünder* von O. Gerster
Valentin Ingold, Kur- und Hufschmied, in *Die Hexe von Passau* von O. Gerster
Ein Grobschmied in *Die Wiedertäufer* von A. Goehr
Quintin Messis, Schmiedemeister, in *Quintin Messis der Schmied von Antwerpen* von K. Goepfart
Ein Schmied in *Höllenangst* von M. Hebenstreit
Hammer, der Schmidt, in *Der lustige Schuster* von F.A. Holly
Der Schmied in *Aus einem Totenhaus* von L. Janáček
Die Schmiedin von Kent, Oper von K. v. Kaskel
Der Hufschmied, komische Oper von F. Kauer
Die Schmiedstochter von Nürnberg, komische Oper von F. Kauer
Meister Spieghalter, ein Schmied, in *Die tödlichen Wünsche* von G. Klebe
Goujet, ein Schmied, in *Gervaise Macquart* von G. Klebe
Jaakko Högmann, Schmied, in *Die letzten Versuchungen* von J. Kokkonen

Ein Helde naht

Ein Schmied (Zwerg) in *Schneewittchen* von M.F. Lange
Wiprecht, der Schmied von Ruhla, in *Der Schmied von Ruhla* von F. Lux
Stephan, ein Schmied, in *Hans Heiling* von H. Marschner
Lorenz, der Dorfschmied, in *Der Holzdieb* von H. Marschner
Der Schmied in *Die Geburt des Herrn* (*Marienspiele*) von B. Martinů
Panait, Schmied, in *Griechische Passion* von B. Martinů
Der Schmied in *Augustin* von J. Meier
Wieland der Schmied, Oper von Ö. Mihalovich
Hufschmiede in *Die Leiden des Orpheus* von D. Milhaud
Der Schmied als Maler, Oper von S. Moratelli
Wulf, der Schmied, in *Der Rattenfänger von Hameln* von V.E. Nessler
Andreas Reutterer, der Schmied, in *Der eiserne Heiland* von M. v. Oberleithner
Ein Schmied in *Der Schneider von Ulm oder Der König der Lüfte* von G. Pressel
Wakula, der Schmied, in *Die Nacht vor Weihnachten* von N.A. Rimski-Korsakow
Iwan Tarassenko, Dorfschmied, in *Iwan Tarassenko* von F. Salmhofer
Der Schmied in *Schwarzer Peter* von N. Schultze
Der Schmied Wakula, Oper von A.N. Serov
Der Schmied Wakula, Oper von N.F. Solowjow
Kofel, der Schmied, in *Feuersnot* von R. Strauss
Der Schmied aus Lešetín, Oper von S. Suda
Der Schmied aus Lešetín, Oper von K. Weis
Gennaro, ein Schmied, in *Der Schmuck der Madonna* von E. Wolf-Ferrari
Wieland, Waffenschmied, in *Wieland der Schmied* von M. Zenger

Heute Abend: Geschlossene Gesellschaft! Schlosser

Obwohl auch sein Beruf in der ganz ursprünglichen Form nicht mehr existiert, wäre die Oper ohne ihn eine ziemlich wacklige bzw. unbewegliche Angelegenheit. Die Rede ist vom Schlosser. Sei es nur ein kleiner Winkel, eine Rüstung mitsamt Säbel, eine freitragende Stahltreppe oder aber das ganz große Fahrgestell mit allen nur erdenklichen Extrafinessen: Sämtliche Elemente aus Metall, die auf der Bühne zum Einsatz kommen, fertigt der Theaterschlosser an. Er prüft die Statik der Konstruktionen, montiert Maschinen und stellt Antriebe sowie Ersatzteile für die Drehbühne und andere Bewegungsapparate her.

*

Vom Wiener Erfolgsduo Johann Nestroy (Autor) und Adolf Müller senior (Musik) stammt *Der Zerrissene*, eine Posse mit Gesang, die Gottfried von Einem zu einer zweiaktigen Oper inspirierte. Stellen Sie sich zu Beginn einmal folgende Situation vor: Der Bundespräsident hat zu seinem alljährlichen Gartenfest geladen; die Stimmung ist fast am Überkochen, und dann klingelt der Handwerker am Tor, um das lockere Balkongeländer am Schloss Bellevue zu reparieren. Im hier vorliegenden Fall heißt der Bundespräsident Herr von Lips und bei dem Handwerker handelt es sich um den Schlosser Gluthammer. Weil der Auftraggeber den Termin völlig verschwitzt hat, lässt sich der Handwerker auch nicht mehr abwimmeln. Er darf eintreten, geht im Blaumann am Büfett vorbei, klappt seine Werkzeugkiste auf und fängt lautstark mit der Instandsetzung an. Da sich die Gäste über den Lärm beschweren, überreicht das Patenkind Kathi dem Schlosser einen Teller mit Appetithäppchen. Gluthammer unterbricht die Arbeit, greift nach den Canapés und erzählt Kathi, dass ihm seine Verlobte Mathilde einen Tag vor der Hochzeit abhanden gekommen ist. Derweil mischt sich Herr von Lips wieder unter sein Volk und geht auf Brautschau, wobei ihm die Freunde Stifler, Sporner und Wixer beratend zur Seite stehen. Die Wahl fällt auf Frau von Schleyer, die den Heiratsantrag nach nur 15 Minuten Bedenkzeit annimmt. Als das zukünftige Paar über die Klauseln des Ehevertrages verhandelt, tippt Gluthammer auf die Schulter von Madame von Schleyer. Sie dreht sich um und der Schlosser traut seinen Augen nicht: Diese Frau ist tatsächlich die verschwundene Mathilde. Herr von Lips bittet Gluthammer zum Dialog auf den Balkon, doch in ihrer Rage denken die zwei Männer nicht mehr an das kaputte Geländer und stürzen hinunter in den Ententeich. Daraufhin werden sie für tot erklärt, sind es aber gar nicht. Da sich beide für den Mörder des jeweils anderen halten, ziehen sie getarnt davon und tauchen dummerweise auf dem gleichen Bauernhof unter. Ferner treffen wir hier Kathi wieder, die das Gut von ihrem „verstorbenen" Patenonkel geerbt hat. Das ist auch der Grund, weshalb Stifler, Sporner und Wixer plötzliches Interesse an der Dame heucheln. Nachdem klar ist, dass es weder Tote noch Mörder gibt, endet die Geschichte im Einzelnen so: Herr von Lips kehrt auf sein Anwesen zurück und heiratet Kathi; Mathilde emigriert in die Schweiz und lernt dort den reichen Kaufmann Otto Wesendonck kennen; Stifler, Sporner & Wixer gründen unter dem Namen eine seriöse

Partnervermittlung im Internet; Gluthammer repariert das Geländer – und macht anschließend Feierabend.

*

Hinter dem Titel *Maurer und Schlosser* verbirgt sich eine eher unfreiwillig komische Oper von Daniel-François-Esprit Auber: Im Wirtshaus von St. Antoine, einem Vorort von Paris, gibt der Maurer Roger für alle Kollegen ein Ständchen zum Besten – das Handwerkerlied „Ohne Rast, angepackt". Vor gar nicht allzu langer Zeit hat er Henriette geheiratet, worüber sich seine Nachbarin das Maul zerreisst. Vor allem ist Madame Bertrand völlig unklar, woher plötzlich das Geld für die Hochzeit kam. Bereitwillig teilt ihr der Offizier Léon mit, dass er die Kosten der Feier übernommen hat, da ihm Roger vor einigen Jahren das Leben rettete. Als die Sperrstunde naht und alle heimwärts torkeln, schleichen sich zwei Gestalten an Roger heran und entführen ihn. Der zweite Aufzug spielt im Salon des türkischen Diplomaten Abdullah. Dieser hat nicht nur Roger hierher verschleppen lassen, sondern auch Leóns Geliebte – die Griechin Irma – und den Schlosser Baptiste. Die beiden Geiselnehmer teilen den Handwerkern Aufgaben zu: Roger hat eine Mauer hochzuziehen, Baptiste soll Ketten und Fesseln schmieden. Nachdem das mal eben schnell erledigt ist, werden Maurer und Schlosser wieder abgeführt. Nun springt der Offizier herein, um seine Freundin zu retten. Der Versuch schlägt jedoch fehl und nun sollen er und Irma eingemauert werden. Die Szene endet damit, dass Roger erneut das Handwerkerlied singt, um Léon Mut zu machen. Am darauffolgenden Morgen sucht Henriette ihren Mann, weil dieser die Nacht nicht nach Hause gekommen ist. Zunächst zankt sie sich mit Madame Bertrand herum, dabei kann diese sachdienliche Hinweise zum Verbleib des Maurers geben. Schließlich wird der von seinen Entführern üppig entlohnte und wieder auf freien Fuß gesetzte Roger gefunden. Dieser ruft gemeinsam mit Baptiste die Polizei, welche Léon und Irma aus ihrer misslichen Lage befreien. Oh mon Dieu.

Dieses Gewerk auch hier:

Puff, Schlosser, in *Das Fest der Handwerker* von L. Angely
Bernhard Brunner, Schlosser, in *Kampl* von C. Binder
Jakob, ein Schlosser, in *Handwerkerliebe* von F.L. Gassmann
Ein Schlosser in *Höllenangst* von M. Hebenstreit
Zange, der Schlosser, in *Der lustige Schuster* von F.A. Holly
Der Schlosser, komische Oper von J. Kohaut
Der Schlosser, Singspiel von J. Mederitsch
Schneider, Schlosser und Tischler, Oper von T.N. Nidecki
Meister Ambos, ein Schlosser, und *Schlossergesellen* in *Die unruhige Nachbarschaft* von Wen. Müller
Magnano, ein Schlosser, in *Die Herberge der Armen* von F. Testi
Herr Thomas, ein Schlosser, und *Ein Schlossergesell* in *Der Schreiner* von P. Wranitzky

Zwischen den Fugen
Maurer und Betonbauer

In erster Hinsicht ist die Maurerkelle ein Werkzeug, mit dem der Maurer den Mörtel zwischen die Steine schafft oder den Putz an eine fertig gemauerte Wand anbringt. Sie ist aber auch ein Zeichen. Zusammen mit Winkelmaß und Zirkel wurde die Maurerkelle zum Symbol der Freimaurer. Die Wurzeln der legendären Freimaurerei reichen bis in die Antike zurück. Im späteren Mittelalter bezeichneten sich die in Bruderschaften organisierten Steinmetze und Baumeister als Freimaurer. Bis heute ist der Bund in Logen strukturiert und in der ganzen Welt aktiv. Was sich auch nicht geändert hat, ist die Unterteilung in drei Grade, wie wir sie aus dem Handwerk kennen: Vom Lehrling über den Gesellen bis hin zum Meister. Der bekannteste Komponist aus den Reihen der Freimaurer ist Wolfgang Amadeus Mozart. Er trat, wie zuvor schon Papa Leopold, am 14. Dezember 1784 einer Wiener Loge bei und entwickelte sich rasch zu deren Hauskomponisten. Beispielsweise schrieb Wolferl die *Maurerische Trauermusik* zu Ehren des Todes zweier Logenbrüder.

*

Obwohl *Die Zauberflöte* für einen Regisseur die unterschiedlichsten Inszenierungsansätze bietet, strotzt Mozarts Oper voller Symbole der Freimaurer. Gerade die bei ihren Riten so wichtige Zahl Drei taucht in dem Werk vermehrt auf: Drei Damen, drei Knaben, drei magische Instrumente (Flöte, Glockenspiel, Panflöte), der dreimal gespielte dreifache Akkord, ein Prinz mit drei guten Eigenschaften (Tugend, Verschwiegenheit,

Wohltätigkeit), der dreimal versucht, einen der drei Tempel zu betreten, und dreimal auf die Probe gestellt wird, damit er am Ende vom Dunkel ins Licht schreiten darf – wie es die Einweihungszeremonie der Freimaurer vorschreibt. Und wo wir schon mal auf dem Sonnendeck der Brüder sitzen: Die achtzehn Eingeweihten, allesamt männlich, sind nichts anderes als Mitglieder einer Loge, deren Vorsitzender – der sogenannte Meister vom Stuhl – Sarastro heißt.

*

Mit dieser sagenhaften Nixe haben schon die Herren Sachs, Goethe und Loriot (*Kraweel, Kraweel!*) gern geplanscht – *Melusine*. Auch in Aribert Reimanns gleichnamiger Oper verdreht die Meerjungfrau gleich reihenweise Männerköpfe, unter anderem den eines Maurers. Von ihrer Mutter bekommt Melusine den Liebhaber – den Makler Max – weitergereicht und soll ihn heiraten. Nach der Hochzeitsnacht beschwert sich der Bräutigam, weil im Bett nichts gelaufen ist. Melusine geht allein an die frische Luft und muss erfahren, dass der Park, in den sie sich so gern zurückzieht, an einen Grafen verkauft wurde. Der neue Eigentümer plant darin den Bau eines Schlosses. Daraufhin spricht Melusine bei der Fee Pythia vor, die ihr folgenden Handel anbietet: Wenn sie das Verbot akzeptiere, nie selber lieben zu dürfen, erhalte Melusine einen Fischschwanz, der ihren Schoß verschließen und sie zugleich unwiderstehlich machen werde. Dadurch erlange sie die Macht über, nun ja, alle Schwanzträger. Melusine geht auf den Pakt ein, als erster erliegt der Maurer ihren Reizen. Er verspricht Melusine, den Bau des Schlosses aufzuhalten, indem er seine Kollegen zum Streik überredet. Danach verfällt ihr der Architekt, der sogar bereit ist, Frau und Kinder für sie zu verlassen. Dennoch kann im dritten Akt die Schlosseinweihung stattfinden, zu der auch Melusine eingeladen wird. Während sie dem Grafen gegenübertritt, fühlt Melusine, dass dieser Mann anders ist als alle Männer, die sie bisher getroffen hat. Erst entbrennt Melusines Herz, kurz darauf das Schloss.

*

In Richard Wagners Oper *Das Rheingold* kommen gleich drei Badenixen und zwei hochgewachsene Maurer vor, die aber weder mit- noch aneinander spielen, was vermutlich besser so ist. Konzentrieren wir uns lieber auf das Handwerk und eilen zur geplanten Bauendabnahme in Szene zwei: Soeben wurde der vor seiner neuen Residenz campierende Bauherr Wotan aus seinen Träumen gerissen. Statt eines leckeren Frühstücks bekommt er von seiner Ehefrau Fricka wieder nur die alte Leier aufgetischt: Wie er das alles bezahlen will, wer ihn geritten hat, einen solchen Vertrag zu unterzeichnen, was nun aus ihrer Schwester Freia werden soll, bla bla bla. Die Burg ist fertig, allein darum geht's! Der Rest wird sich schon finden, irgendwie. Nun kündigt die Schwägerin das Erscheinen der beiden Bauhandwerker Fasolt und Fafner an. Diese treten unter kräftigen Paukenschlägen auf, Fasolt ergreift das Wort. Mit mächtiger Mühe hätten sie die starken Steine aufgestaut, nun solle auch der Lohn gezahlt werden: die süße Apfelschnecke Freia. Wotan pariert prompt, dass sie wohl nicht ganz bei Trost seien, denn man habe diesen Vertrag doch nur spaßeshalber geschlossen. Da die beiden Riesen völlig zu Recht der Meinung sind, dass sie über den Tisch gezogen werden sollen, muss sich der Bauherr eine Alternative überlegen. Da erscheint Wotans feuriger Anwalt Loge, der für den eigentümlichen Kontrakt mitverantwortlich ist und bereits die Qualitätskontrolle am Bau durchgeführt hat: „Das Prachtgemäuer prüft' ich selbst, ob alles fest, forscht' ich genau: Fasolt und Fafner fand ich bewährt: kein Stein wankt im Gestemm'". Zudem kann Loge berichten, dass er auf dem Weg hierher vom Unglück drei nackter Damen erfahren habe. Diese seien zunächst sexuell belästigt und dann auch noch bestohlen worden. Bei dem Diebesgut handele es sich um einen goldenen Badeball, der flüchtige Täter sei ein gewisser Alberich aus Nibelheim. Fafner erklärt, das Raubgut als Bezahlung anzuerkennen, doch bis zur Übergabe werde man Freia als Pfand behalten. Die zwei Riesen gehen mit Freia ab, Wotan und Loge reisen nach Nibelheim. Pünktlich zum Finale in Szene vier kann die Übergabe der Hehlerware stattfinden. Allerdings können sich Fasolt und Fafner nun nicht einig werden, wer von beiden den Badeball bekommt. Daraufhin erschlägt Fafner seinen Bruder und Arbeitskollegen, Wotan und Familie beziehen ihr neues Heim.

Diese Gewerke auch hier:

Kluck, Maurer und Polier, in *Das Fest der Handwerker* von L. Angely
Roger, ein Maurer, in *Maurer und Schlosser* von D.F. Auber
Zwei Maurer in *Experimentum mundi* von G. Battistelli
Der Meister Manole, Oper von A. Castaldi
Ein Maurer in *Pinocchios Abenteuer* von J. Dove
Maurer Matern in *Hanneles Himmelfahrt* von P. Graener
Protomastoras, Baumeister, in *Der Baumeister* von M. Kalomiris
Der Maurer, komische Oper von L.-S. Lebrun
Bortolo, ein Maurer, in *Crispino und die Patin* von L. Ricci
Erster Mauerer, Zweiter Maurer und *Der alte Maurer* in *Eli* von W. Steffens

Am Anfang war der Ton
Ofensetzer, Keramiker und Töpfer

Die Verarbeitung von Lehm und Ton gehört zu den ersten Handwerkskünsten, die mit dem Beginn der menschlichen Kultur zusammenhängen. Vermutlich haben unsere steinzeitlichen Vorfahren die Keramik zufällig nach einem Lagerfeuer auf Lehm- oder Tonboden entdeckt. Daraus entstand die Töpferei, wozu man wiederum Brennöfen benötigte. Aus überkuppelten Feuerstellen entwickelte sich im Spätmittelalter der Kachelofen, für den der Hafner bzw. Ofensetzer Keramikplatten, also gebrannten Ton, verwendete. Damit gelangen wir wieder an den Anfang, der Kreis schließt sich.

*

Am frühen Morgen des 17. März 1580 begeben sich der Prager Rabbiner Judah Loew und sein Jünger zu einer Grube an der Moldau. Die zwei Männer schaufeln Lehm aus der feuchten Erde, formen daraus eine drei Ellen große Figur und tragen sie heim. In genau dem Moment, als die beiden mit dem Lehmkörper zu Hause eintreffen, nimmt das Musikdrama *Der Golem* von Eugen d'Albert seinen Lauf: Bevor der geheime Plan, den Pfundskerl zum Leben zu erwecken, in die Tat umgesetzt werden kann, rüttelt Loew seine im Arbeitsraum schlafende Pflegetochter Lea wach und schickt sie fort. Kurz darauf schaut Kaiser Rudolf II. vorbei, der in einer schweren Sinnkrise steckt und nach Ablenkung sucht. Der Rabbi unterhält ihn, so gut er kann, und schließlich zieht der Kaiser wieder ab. Nach dem Murmeln einiger kabbalistischer Formeln geschieht das Wunder: Der Golem schlägt die Augen auf! Loew ist über den Erfolg so erfreut, dass er seinem Jünger eine Belohnung verspricht. Dieser wünscht sich nichts sehnlicher als Lea zur Ehefrau. Doch die zurückgekehrte Tochter interessiert sich mehr für den neuen, stummen Diener, der in der Küche hantiert. Sie erteilt dem Golem heimlich Sprach- und Gesangsunterricht, sodass wir am Ende des ersten Aktes einen prachtvollen Bariton zu hören bekommen. Am Sabbat startet der Jünger einen zweiten Annäherungsversuch bei Lea, wiederum erfolglos. Als der Rabbi erstaunt feststellt, dass der Golem in Besitz von Stimme und Seele ist, trennt er ihn und Lea voneinander. Daraufhin rastet der Golem aus und läuft randalierend durch die Straßen. Da sich der Rabbiner eingestehen muss, die Gewalt über den Koloss verloren zu haben, soll dieser durch die Soprantöne Leas angelockt werden. Das Vorhaben gelingt und der Golem beruhigt sich wieder. Rabbi Loew entscheidet daher, ihm die Hand seiner Tochter zu geben. Allerdings hat sich Lea derart verausgabt, dass sie tot zu Boden geht. An ihrer Seite liegend zerfällt der Golem wieder zu leblosem Lehm.

*

Wir bleiben im 16. Jahrhundert, wechseln aber Kontinent und Religion. Hinter der Titelfigur in Ottmar Gersters Oper *Der fröhliche Sünder* steckt der orientalische Bruder von Till Eulenspiegel – Chodscha Nasreddin. Das erste Bild zeigt eine mit Lehmhütten bebaute Straße in Buchara. Im rechten Vordergrund sehen wir das Haus des Töpfers Nijas, auf dessen niedrigem Dach einige Krüge zum Trocknen stehen. Der Meister selbst sitzt im Eingang und schwatzt mit dem Schmied Jussuf, dem Wasserträger Mohamed sowie dem Koch Ali, der mit seinem Grill-Bauchladen unterwegs ist. In diese Runde platzt der Kredithai Dshafar, dem Nijas noch Geld schuldet. An einer Begleichung in Form von Töpferware ist der Gläubiger nicht interessiert: Aber Nijas schöne Tochter Güldshan, die würde ihm schon gefallen. Diese wiederum verspürt wenig Lust, ihr Leben an der Seite eines buckligen Mümmelgreises zu verbringen. Während der gekränkte Dshafar den Schuldner zum Emir schleift, biegt Nasreddin mit seinem Esel um die Ecke. Er bietet Güldshan seine Hilfe an und wirft in jedes Eselsohr eine Münze. Dshafar und Nijas kehren mit dem Urteil des Emirs zurück: Dem Töpfer bleibt eine halbe Stunde, um die fällige Summe aufzutreiben. Nasreddin verliert keine Zeit und preist dem Wucherer ein Maultier an, dem tagtäglich Kleingeld in den Ohren wachse. Dshafar sieht sofort nach, findet die Münzen, übergibt Nasreddin den Schuldschein und zieht mit dem Esel davon. In der folgenden Nacht erhält Nijas unliebsamen Besuch von zwei Palastwächtern, die Güldshan mitnehmen, um sie in den Harem des Emirs zu überführen. Da sich Nasreddin unsterblich in die hübsche Sopranistin verliebt hat, plant er ihre Entführung aus dem Serail. Er verkleidet sich als Muslimin, singt fortan im Falsett und lernt auf dem Weg zum Palast einen gewissen Hussein kennen. Der Sterndeuter ist neu in der Stadt und sucht verzweifelt den Emir, da dieser seine Dienste für die Ergreifung des Staatsfeinds Nr. 1 – Nasreddin – benötigen würde. Die verschleierte „Rose von Buchara" rät Hussein, gleich wieder abzureisen, da dem Emir zu Ohren gekommen sei, er werde in den Harem eindringen und etliche seiner Frauen schänden. Daher wäre es wohl angebracht, zudem noch rasch die Kleidung zu tauschen, so Nasreddin. Der völlig geschockte Hussein pflichtet dem bei, sodass Nasreddin wenig später als

Starastrologe im Palast auftreten kann. Dort foppt er den Emir, verhilft Güldshan zur Flucht und erteilt dem Wucherer eine Lektion, die sich gewaschen hat. Die Oper endet mit einer großen Lachfuge des Chors sowie der Gewissheit, dass der Töpfer Nasreddins Schwiegervater wird.

Diese Gewerke auch hier:

Michel, der Töpfer, in *Der Töpfer* von J. André
Ruger Aspeck, der Hafner/Töpfer, in *Feuersnot* von R. Strauss

Mit den eigenen Händen
Steinmetzen und Steinbildhauer

Von den Mongolen stammt der Spruch, dass das erstaunlichste Werkzeug doch die zehn Finger sind. Wenn man Handwerker befragt, was eigentlich das Schönste an ihrem Beruf ist, fällt als Antwort häufig: Das gute Gefühl, nach getaner Arbeit etwas in den Händen zu halten, was man selbst hergestellt hat. Es geht folglich um Genugtuung, um die innere Zufriedenheit, dem eigenen Anspruch gerecht geworden zu sein. Ein guter Handwerker bastelt so lange an seinem Produkt herum, bis er sich stolz zurücklehnen kann. Wenn dann besonders viel Herzblut geflossen ist, fällt es sicherlich nicht leicht, loslassen zu können. Im Theater ist das nicht anders. Um eine Oper in Szene zu setzen, braucht auch der Regisseur seine Hände. Er muss vorspielen, gestikulieren, anweisen, demzufolge zeigen, eben den Gefühlen eine Form geben, ihnen den nötigen Ausdruck verleihen. Nach einem intensiven Probenprozess, also dem Basteln an einem Werk, erfolgt mit der Premiere quasi die Abnabelung. Indem die Produktion jetzt der Öffentlichkeit vorstellt wird, übergibt man damit auch einen kleinen Teil von sich selbst. Schon allein deswegen verbietet es sich, einen Künstler auszubuhen. Was neben dem Loslassenkönnen am schwersten fällt, ist das Abschaltenkönnen. Immer wieder beschweren sich Dirigenten, dass sie beim Autofahren kein Radio hören können und ungern in Supermärkten einkaufen gehen, in denen klassische Musik gespielt wird. Sofort würden sie beginnen, mit den Fingern zu trommeln oder gedanklich Änderungen vorzunehmen. Geht ein Steinmetz durch die Straßen, bleiben seine Blicke oft an historischen Hausfassaden kleben, weil er einfach weiß, wie viele Stunden knochenharter Arbeit darin stecken.

*

Der Bildhauer taucht in auffällig vielen französischen Opern auf, die eine starke Frau im Titel führen. Doch es ist gar nicht so einfach, diese Handwerker in nur eine Schublade zu stecken. Zwar arbeitet der Steinbildhauer – im Gegensatz zum plastisch modellierenden Bildhauer – immer von außen nach innen, aber im Fall von Charles Gounods Oper *Die Königin von Saba* ist der Steinbildhauer Adoniram eben zugleich auch Bronzegießer und Architekt. Er leitet im 10. Jahrhundert v. Chr. den Bau und die Verzierung des Tempels Salomos, den Verdis *Nabucco* im 6. Jahrhundert v. Chr. triumphierend niederbrennen lässt. Zunächst sitzt Adoniram nachdenklich in seiner Werkstatt und wird vom Lehrling Bénoni aufgesucht, der ihm das Eintreffen der Königin von Saba mitteilt. Um ihre Ankunft zu feiern, hat König Salomo allen Bauarbeitern freigegeben. Nun treten drei Arbeiter an Adoniram heran, die den Meistertitel verlangen, was dieser jedoch ablehnt. Als die Königin kurze Zeit später beim Bildhauer aufkreuzt, knistert es heftig zwischen den beiden. Zu Beginn des zweiten Aktes wird auf dem Hügel Zion der Schmelzofen angeworfen, damit Adoniram sein Meisterwerk „Das bronzene Meer" vollenden kann. Doch die drei zurückgewiesenen Arbeiter begehen Sabotage, sodass die flüssige Bronze durch die Luft geschleudert wird. Der niedergeschlagene Adoniram findet bei der Königin Trost, woraufsich beide ihre gegenseitige Liebe gestehen. Salomo, der zunehmend eifersüchtig wird, weil ihm die Königin die kalte Schulter zeigt, erhält Besuch von den drei Möchtegernmeistern. Sie wollen gesehen haben, dass Adoniram vergangene

Nacht am königlichen Busen genuckelt hat, was natürlich gelogen ist. Salomo ruft den Bildhauer zu sich, doch dieser bittet ihn sogleich um seine Entlassung, da er Jerusalem verlassen möchte. Nichts besser als das, denkt sich der König, und erfüllt ihm den Wunsch. Kaum hat sich Adoniram auf den Weg gemacht, erscheint die Königin bei Salomo. Unbemerkt verabreicht sie ihm ein Betäubungsmittel und zieht ihm den Verlobungsring vom Finger. Doch am vereinbarten Treffpunkt findet sie den geliebten Adoniram in seinen letzten Zuckungen vor. Schuld daran sind erneut die drei Arbeiter. Der Königin bleibt nur noch die Zeit, ihm den Verlobungsring anzustecken. Dann kommen Feuergeister angerannt, die den Bildhauer zu sich nach Hause tragen.

*

Für seine erste Oper nahm sich Gounod die bekannteste Dichterin der griechischen Antike zur Brust, in deren Werken die weibliche Wollust eine zentrale Rolle spielt – *Sappho*. Die Bezeichnung von „lesbischer" oder „sapphischer" Liebe rührt daher, weil sie auf der Insel Lesbos junge Griechinnen unterrichtete und viele ihrer Gedichte von fraulicher Erotik handeln. Direkt neben dem Kölner Opernhaus steht eine millionenschwere Bronzeplastik der Sappho, die von den Rheinländern „Harfelisje" genannt wird. Auch Gounods Schüler Jules Massenet komponierte eine Oper namens *Sappho*. Doch diese fußt auf dem Roman von Alphonse Daudet, in welchem die Lyrikerin nur noch als Steinskulptur in Erscheinung tritt. Das Thema handelt von einer leidenschaftlichen Beziehung zwischen dem 21-jährigen Jean Gaussin und der älteren, aber umso lebenslustigeren Fanny Legrand. Früher war diese mit Caoudal zusammen, einem baritonalen Bildhauer, dem sie auch Modell stand.

Seine steinerne Sappho meißelte Caoudal nach ihrem Ebenbild. Nun aber hat Fanny auf einem Kostümfest Jean kennengelernt und bezieht mit ihm eine preiswerte Unterkunft im Pariser Vorort Chaville. Als das Paar zudem den kleinen Joseph bei sich aufnimmt, scheint das Glück perfekt. Doch dann verguckt sich Jean in die jüngere Irene und lässt seine Sachen aus der Wohnung abholen. Fanny macht ihm zwar keinerlei Vorwürfe, versucht aber, sich das Leben zu nehmen. Daraufhin fährt Jean nach Chaville zurück, wo er Fanny gesteht, dass er sie noch immer lieben würde. Nachdem Jean die Verlobung mit Irene wieder gelöst hat, erhält er ein Arbeitsangebot aus Peru. Am Tag der Überfahrt wartet Jean am Hafen von Marseille vergeblich auf Fanny. Diese teilt ihm in einem Brief mit, dass sie nicht mitkommen, sondern lieber bei dem Kind bleiben möchte.

Diese Gewerke auch hier:

Ein Steinmetz und *Zwei Pflasterer* in *Experimentum mundi* von G. Battistelli
Ritter von Dornhall, Bildhauer, in *Künstler und Handwerker* von C. Binder
Ein Bildhauer in *Louise* von G. Charpentier
Beltrame, Bildhauer, in *Marino Faliero* von G. Donizetti
Guido, ein junger Bildhauer, in *Guido und Ginevra oder Die Pest von Florenz* von J.F. Halévy
Ein Steinmetz in *Klang der Arbeit* von S. Hinkelbein
Rainer, Bildhauer, in *Die Fasnacht von Rottweil* von W. Kempff
Rubaconte, Bildhauer, in *Meister Guido* von H. Noetzel
Demetrios, ein Bildhauer, in *Aphrodite* von M. v. Oberleithner
Raito, Steinmetzmeister, in *Der Silberschuh* von I. Pizzetti
Der Grabsteinmacher, Charakterbild von F. v. Suppé

Heiße Kohlen, kalte Herzen
Köhler

Die Griechen haben es von Prometheus erhalten, die Germanen vom nordischen Gott Loki – das Feuer. Obwohl Letzterer auf gar keinen Fall mit Logi, dem Lichtdämonen und personifizierten Feuer, zu verwechseln ist, verwendete Richard Wagner beide Gestalten für seinen Loge in *Der Ring des Nibelungen*. Wie dem auch sei: Ohne das Feuer wären die Kohlenmeiler kalt geblieben. Doch dank Loki konnte der Köhler sein Handwerk ausüben und bis ins 20. Jahrhundert hinüberretten. In anderen Regionen der Welt existiert die Köhlerei zwar nach wie vor, aber hierzulande ist sie so gut wie ausgestorben. Immerhin blieb uns der Köhler als wildromantische Sagenfigur des „Deutschen Waldes" erhalten. Hans Christian Andersen spürte den Köhler im Harz auf, Wilhelm Hauff fand ihn dagegen im Schwarzwald.

*

Wenn ein Bücherwurm *Das kalte Herz* sucht, wird er im Sammelband *Das Wirtshaus im Spessart* fündig. Genau umgekehrt verhält es sich im Märchen von Wilhelm Hauff, das wohl jeder von uns kennt: Der Köhler Peter Munk möchte das Wirtshaus aufsuchen, doch es mangelt ihm an der nötigen Barschaft. Daher spricht er beim Holländer-Michel vor, der ihm bereitwillig nicht nur ein Bündel Scheine in die Hand drückt, sondern auch ein steinernes Herz in die Brust. Norbert Schultze hat daraus eine ganz passable Oper komponiert, die jedoch in einem entscheidenden Punkt von der Vorlage abweicht, indem sie die

Geschichte ins Land der Träume verfrachtet. Ob die Arbeit am Kohlenmeiler, das Tanzduell in der Dorfschenke, die falschen Wünsche an das Glasmännlein, das Würfelspiel mit Ezechiel oder aber der verlockende Handel mit dem Holländer-Michel: All diese Ereignisse finden im Grunde gar nicht statt, da Peter Munk am Fuße der Königstanne schläft und erst erwacht, als der ganze Spuk vorbei ist. In dieser Bilderbuchidylle endet dann auch die Oper: Ehefrau Lisbeth findet einen Stein in Herzform, schenkt ihn Peter, der ihn wiederum für 19 Golddukaten dem dicken Ezechiel überlässt. Und damit ist die Laube fertig, sprich, das Häuschen abbezahlt.

*

Schon lange vor seinem *Freischütz* verschlug es auch Carl Maria von Weber in die Sehnsuchtslandschaft der Wälder und Auen. Allerdings hat sich sein darin spielendes *Waldmädchen* so schlimm verlaufen, dass es heute als verschollen gilt – oder sagen wir: so gut wie. Ganze zwei Gesangsnummern sind erhalten geblieben, sowie der grobe Inhalt, da der Komponist den *Waldmädchen*-Text für seine spätere Oper *Silvana* umschreiben ließ. Doch auch mit der zweiten Dame hatte von Weber kein Glück, was ihn dazu veranlasste, zahlreiche Schönheitskorrekturen an *Silvana* vorzunehmen. Es half alles nichts: Bis heute hockt das Werk am Rande des Repertoires und findet von dort nur sehr selten den Weg auf eine Bühne. Da in allen drei Akten der musikalisch reizvolleren Urfassung kein Handwerker auftritt, picken wir uns die vieraktige Variante heraus: Der Onkel hat ihren leiblichen Vater erschlagen, weshalb Silvana bei einem Pflegepapa aufwächst, dem Köhler Ratto. Als sich der Sohn des Onkels in seine Cousine verliebt, bringt er sie, also Silvana, mit nach

Hause. Dort kommt es wenig später zum Streit, und der Onkel lässt seine Nichte mitsamt Vormund abführen. Im anschließenden Gerichtsverfahren lässt sich Silvana von einem Nymphensittich vertreten, was sich als enorm kluger Schachzug erweist. Der Richter entscheidet nämlich, dass Cousin und Cousine zusammenziehen dürfen. Das Rechtsmittel der Berufung wird nicht zugelassen. Der Vorhang fällt schnell.

*

Neben den *Eulenspiegel*-Fastnachtsspielen von Hans Sachs, der Sinfonischen Dichtung *Till Eulenspiegels lustige Streiche* von Richard Strauss und der Oper *Till Eulenspiegel* von Nikolai Karetnikow gibt es auch von Walter Braunfels eine Vertonung, die dem ungekrönten König aller Narren ein musikalisches Denkmal setzt. Seine Oper *Ulenspiegel* ist aber keine Satire, denn sie basiert auf dem Roman des belgischen Schriftstellers Charles de Coster, in welchem Ulenspiegel die Flamen beim Kampf gegen die Spanier unterstützt. Der erste Aufzug beginnt mit einer Versammlung der Genter Handwerker, die um ihre Freiheit bangen. Da tritt ein Gesandter des spanischen Herzogs Alba auf, der unbedingten Gehorsam einfordert, worauf er von Till Ulenspiegel tenoral verspottet wird. Das hat natürlich ein Nachspiel. Tills Vater Klas, ein alter Kohlenbrenner, wird erst verhaftet, dann gefoltert und schließlich der Inquisition übergeben, die ihn auf den Scheiterhaufen bringt. Ulenspiegel und seine Freundin Nele zetteln daraufhin eine Revolte gegen die Spanier an. In der letzten Szene stürzt der Gesandte mit einem Schwert heran, um Ulenspiegel endgültig den Garaus zu machen. Nele stellt sich dazwischen, fängt den Stoß ab und stirbt. Ulenspiegel will dennoch weiterkämpfen und zieht erneut in die Schlacht...

*

In seiner Oper *Der König und der Köhler* entführt uns Antonín Dvořák in den Pürglitzer Wald. In diesem haust Jeník, ein junger Köhler, der sich aber nicht nur beruflich für Holz vor der Hütte interessiert. Er hat bereits ein Auge auf die wohlgeformte Köhlertochter Liduška geworfen. Nur leider zählen deren Eltern zu der Sorte, die genau wissen, was gut für ihr Kind ist und was nicht. Vor allem Mama Anna, die ja selbst mit einem Köhler verheiratet ist, wünscht sich einen besser verdienenden Schwiegersohn als Jeník. Liduškas Papa Matěj tritt ins Freie und sieht seine Kollegen, wie sie mit einem prachtvoll herausgeputzten Mann aus dem Wald kommen. Dieser stellt sich als königlicher Jäger mit Namen Matthias vor, was aber nur zur Hälfte stimmt. Offenbar ist es ihm furchtbar peinlich, sich als böhmischer König im eigenen Land verirrt zu haben. Matěj und Anna bieten ihm für eine Nacht freie Kost und Logis, worüber sich Jeník verständlicherweise ärgert. Als dieser am nächsten Morgen Liduška auch noch dabei erwischt, wie sie dem Fremden einen Kuss gibt, ist es aus mit der Köhlerliebe, und er beschließt, zum Militär zu gehen. Was Jeník nicht weiß: Liduška hat Matthias nur geküsst, weil dieser die Eltern überreden und sogar die Kosten der Hochzeit übernehmen wollte. Als die Köhlerfamilie ein Jahr später die Prager Burg besichtigt, stellen Matěj und Anna erstaunt fest, dass damals ein Mitglied der Habsburger bei ihnen genächtigt hat. Hier treffen sie auch Jeník wieder, der mittlerweile Karriere als Soldat gemacht hat und seine Eifersucht zutiefst bereut. Mag die Oper jetzt auch im allgemeinen Jubel enden: Auf König Matthias wartet bereits der Aufstand in Böhmen, der den Dreißigjährigen Krieg nach sich ziehen wird.

Dieses Gewerk auch hier:

Ein Kohlenbrenner in *Höllenangst* von M. Hebenstreit
Der Köhler in *Drei Haare des Väterchens Allwissend* von R. Karel
Klaas, der Köhler, in *Till Eulenspiegel* von N. Karetnikow
Der Kohlenbrenner, Lustspiel mit Gesang von J.H. Knecht
Das Köhlermädchen oder Das Tournier zu Linz, romantische Oper von C.A. Mangold
Tervanies, ein Köhler, in *Juha* von A. Merikanto
Müller, Kohlenbrenner und Sesselträger oder Die Träume von Schale und Kern, Zauberposse von A. Müller sen.
Kalenik, ein Köhler, in *Die Mainacht* von N.A. Rimski-Korsakow
Die treuen Köhler und *Die treuen Kohlbrenner,* Singspiele von J.L. Schubaur
Ein Köhler in *Fernando* von F. Schubert
Peter Munk, ein Kohlenbrenner, in *Der rote Stiefel* von H. Sutermeister

Auf den Pelz gerückt
Kürschner, Gerber und Färber

———————

Gerade hat man die Einladung in die Oper angenommen, da taucht auch schon das Problem mit der Garderobe auf. Haben Sie auch den ganzen Schrank voller Klamotten, aber nichts anzuziehen? Und selbst wenn man etwas findet: Was soll es sein? Das allerdings hängt vom Haus ab, welches besucht wird, und vom Umstand, ob es sich nun um eine normale Repertoirevorstellung handelt oder um eine Galapremiere. Während der Hamburger Pfeffersack immer wieder gern zum anthrazitfarbenen Anzug greift, stapft die Münchnerin am liebsten im Pelzmantel über den verschneiten Max-Joseph-Platz zum Nationaltheater. Die Mailänder Scala und die Wiener Staatsoper bitten ihre Gäste sogar darum, in einer dem Anlass entsprechenden Aufmachung zu erscheinen. Das muss dem Besitzer einer Karte für die Salzburger Festspiele nicht gesagt werden. Er hat bis zu 500 Euro für den Eintritt hingeblättert, also auch dafür, dass er nun zeigen kann, was er hat: Mein Auto, mein Smoking, meine Frau – und deren Schmuck! Dagegen geht's auf dem Grünen Hügel in Bayreuth deutlich rustikaler zu, weil's hier nun mal der Kunst gilt. Und das wäre auch mein Tipp: Einfach locker durch die Lederhose atmen und das anziehen, worin Sie sich wohlfühlen.

*

Wesentlich schwieriger gestaltet sich die Wahl der passenden Begleitung, vor allem dann, wenn aus dem gemeinsamen Opernabend ein ganzes Eheleben werden soll. Falls Ihnen bei der folgenden Geschichte Parallelen zu Leoš Janáčeks *Jenůfa* auffallen, dann liegt das daran, dass Josef Bohuslav Foersters Oper *Eva* ebenfalls auf einem Schauspiel von Gabriela Preissová fußt: Nach dem Tanz in einer mährischen Dorfschenke kommt es zwischen Eva und Mánek zum klassischen Streitthema Nr. 1 – Söhnchens Mutter. Die junge Näherin wird das Gefühl nicht los, dass er, der fesche Müller, nicht sie, sondern die steinreiche Maryša heiraten wird. Und das nur, weil Mama es so haben will. Tatsächlich fährt die Mutter starke Geschütze auf: Für den Fall, dass sich Mánek ihrem Wunsch widersetzen sollte, werde sie nie wieder seine Hemden bügeln. Außerdem könne er sich sein Erbe getrost von der Backe putzen. Diesen Vorfall bekommt der Kürschner Samko mit, der sogleich seine Chance ergreift und endlich bei Eva landen kann. Da so eine Hochzeitsfeier eine Menge Knete kostet und auch die Opernhäuser sparen müssen, tauschen Eva und Samko sowie Maryša und Mánek die Trauringe zwischen erstem und zweitem Akt hinter dem Pausenvorhang. Dafür bleibt uns aber auch die traurige Beerdigung der kleinen Tochter von Eva und Samko erspart. Máneks Mutter stattet Eva einen Besuch ab, um einen neuen Pelzmantel bei Samko in Auftrag zu geben. Dort beweist sie erneut ihr emotionales Einfühlungsvermögen, indem sie Eva von ihren niedlichen Enkelkindern und dem Glück ihres Sohnes erzählt. Doch in Wirklichkeit hängt bei Maryša und Mánek der Haussegen schief. Bei einem Aufeinandertreffen mit Eva gesteht Mánek, dass er sich scheiden lassen und mit ihr nach Österreich fliehen will. Als sie ihrem Ehemann von der Begegnung erzählt und dieser daraufhin seiner Frau das Fell über die Ohren ziehen möchte, beschließt Eva, das Angebot Máneks anzunehmen. Im dritten Akt reist Mama Müllerin nach Österreich, um zu retten, was noch zu retten ist. Eva fleht Mánek an, endlich seiner Mutter die Stirn zu bieten. Doch dieser schlägt vor, ab sofort zwischen beiden Orten pendeln zu wollen. Da brennen bei Eva die Sicherungen durch und sie wirft sich in die Donau.

*

Um einen Todesfall mit gleich mehreren Enterbungen dreht es sich in Giacomo Puccinis beißend witziger Opera buffa *Gianni Schicchi*. Dieses Stück, welches auf einer Episode aus Dante Alighieris *Göttlicher Komödie* beruht, wird zumeist gemeinsam mit den Einaktern *Der Mantel* und *Schwester Angelica* unter dem Titel *Das Triptychon* aufgeführt. Diejenigen unter Ihnen, die eine Platte mit den schönsten Arien von Maria Callas besitzen, werden darauf mit hoher Sicherheit „O mio babbino caro" aus *Gianni Schicchi* finden. Zu Beginn der Oper hockt die bucklige Verwandtschaft von Buoso Donati um dessen Leichnam. Doch nicht sein Verlust wird betrauert, sondern sein Testament, in welchem steht, dass Donati sein komplettes Vermögen den Mönchen hinterlässt. Jetzt kann nur noch einer helfen und zwar der Bauer Gianni Schicchi. Als dieser eintrifft, ordnet er an, den Verstorbenen zu verstecken und den Notar rufen zu lassen. Während sich Schicchi zum todkranken Donati verkleidet, äußern die Familienmitglieder ihre Wünsche und bieten sogar Bestechungsgeld an, um sich jeweils die wertvollsten Güter zu sichern. Schließlich liegt Schicchi im Bett und der Notar tritt ein. In dessen Schlepptau befinden sich der Schuster Pinellino und der Färber Guccio, die hier als „Zeugen" geladen sind. Nun erklärt „Donati" dem Notar, dass sein altes Testament ungültig sei. Vielmehr vermache er den Mönchen nur fünf Lire, der Rest des Bargeldes soll unter der anwesenden

Sippschaft aufgeteilt werden. Seinen Maulesel, die Mühlen und das Haus in Florenz vererbe er jedoch seinem guten, alten Freund Gianni Schicchi. Kaum sind Notar und Zeugen abgegangen, wirft Schicchi die tobende Mischpoke aus dem Haus.

*

In *Die Frau ohne Schatten* thematisiert Hugo von Hofmannsthal ein zeitloses Gesellschaftsproblem – fehlenden Nachwuchs. Richard Strauss hat aus dem mystisch verschwurbelten Märchen eine seiner klangfarbigsten Opern von hoher Symbolkraft geschaffen. Im Detail geht es um eine Kaiserin, die keinen Schatten wirft, was wiederum als Metapher für deren Unfruchtbarkeit steht. Obwohl die ungekürzte Fassung mit 200 Minuten Spieldauer ordentlich Sitzfleisch abfordert, ist Eile geboten: Wenn nicht in spätestens drei Tagen der Schatten zu sehen ist, wird sich ihr Mann, der Kaiser, in einen grauen Steinklumpen verwandeln. Die Amme, eine Art weiblicher Mephisto, empfiehlt der Kaiserin, den Schatten käuflich zu erwerben. Beide Damen schlagen kurz darauf in der Hütte von Färber Barak auf und bieten der Färberin einen unmoralischen Handel an: Wenn sie bereit sei, ihren Schatten und die daran geknüpften ungeborenen Kinder herzugeben, erhalte sie im Gegenzug das Luxusleben, welches sie sich schon immer gewünscht habe. Die Färberin überlegt nicht lange, spuckt in die Hände und sägt ihr Ehebett in zwei Hälften. Als Barak von einem harten Tag in der Färberei nach Hause kommt, kann er sich das abweisende Verhalten seiner Frau zunächst nur mit Kopfschmerzen erklären. Was folgt, sind erste Spitzfindigkeiten, die sich rasch zum handfesten Ehekrach hochschaukeln. Darin macht die Färberin reinen Tisch und erzählt vom geplanten Verkauf ihres Schattens.

Barak zeigt seiner Frau postwendend den Vogel: Als bodenständiger und kinderfreundlicher Handwerker hält er das Ganze für eine Schnapsidee. Plötzlich geht auf der Bühne das Licht aus und alle Beteiligten tappen im Dunkeln. Im dritten Akt fällt die Entscheidung, aber nicht hinter, sondern zwischen den sieben Mondbergen: Die Kaiserin lässt den Deal platzen und erhält dennoch einen eigenen Schatten; die Amme stürzt eine Treppe hinunter und wird im bereitstehenden Rettungskahn abtransportiert, und das Färberpaar hört ihre ungeborenen Kinder singen, einen Damenchor. Also Friede, Freude, Mutterkuchen. So soll's sein.

Diese Gewerke auch hier:

Simon Glover, ein Handschuhmacher, in *Das schöne Mädchen von Perth* von G. Bizet
Flute/Flaut, Bälgeflicker/Gerber, in *Ein Sommernachtstraum* von B. Britten
Omar, ein Färber, in *Der betrogene Kadi* von C. W. Gluck und P.-A. Monsigny
Der Färber und sein Zwillingsbruder, Posse von A. Müller sen.
Der schwarze See oder Der Blasebalgmacher und der Geist, Zauberspiel von Wen. Müller
Flaut (Sprechrolle), Bälgeflicker/Gerber, in *Die Feenkönigin* von H. Purcell
Kunz Vogelgesang, Kürschner, in *Die Meistersinger von Nürnberg* von R. Wagner

Schusterjungen küssen besser
Schuster / Schuhmacher

Und in Berlin schmecken sie sogar gut. Aber das soll jetzt nicht das Thema sein. Vielmehr möchte ich versuchen, folgendes Rätsel zu lösen: Wie viele Schuhe braucht eine Frau eigentlich? Vermutlich verrät schon die Formulierung der Frage, dass sie von einem Mann gestellt wurde. Denn Frauen *brauchen* nicht jedes ihrer Paar Schuhe, jedenfalls nicht im praktischen Sinne. Was sie stattdessen brauchen, ist eine Auswahl. Oder mit anderen Worten: Sie *haben* diese vielen Schuhe einfach – und damit basta! Aber wie viele denn nun? Hier schwankt der Durchschnittswert wie ein Macho auf Pfennigabsätzen, liegt mal bei 13, dann wiederum bei erstaunlichen 25 Paar Schuhen. Doch in einem Punkt kommt jede Umfrage zum gleichen Ergebnis: Der Mann ist ein Schuhmuffel! Zählen Sie zu Hause mal nach, denn ein Viertel der Kerle soll weniger als fünf Paar besitzen. Zur Ehrenrettung sei aber gleich hinterhergeschoben, dass es in Deutschland dreimal mehr männliche als weibliche Schuhmacher gibt.

*

Für die Bedürfnisse ihrer anspruchsvollen Kundinnen haben sie freilich alle ein offnes Ohr, selbst dann, wenn sich die Reklamation als reines Ablenkungsmanöver entpuppt. Eva hat sich bei Hans Sachs neue Schuhe für die Festwiese der *Meistersinger* gekauft. Keine halbe Stunde, bevor die losgeht, taucht Eva mit der Begründung in der Schusterstube auf, dass der eine Schuh viel zu groß, oder, ach nein, zu knapp wäre. Erst drückt es an den Zehen, dann am Hacken, und ob es sich nun um den rechten oder linken Schuh handelt, ist auch nicht so ganz klar. Es ist sowieso nicht der Schuh, der drückt, sondern das Herz. Nicht anders verhält es sich im zweiten Akt von Puccinis *La Bohème*: Gerade hat Musetta noch ein wunderschönes Walzerlied geschmettert, als sie wie von der Tarantel gestochen aufjault und über einen brennenden Schmerz am Fuß klagt. Weil es angeblich an den neuen Schuhen liegt, schickt Musetta ihren Sugar-Daddy Alcindoro zwecks Umtauschs zum Schuster. In Wahrheit möchte sie den Alten nur loswerden und mit ihrem Exfreund Marcello durchbrennen. Nebenbei bemerkt: Die Schuhe wurden bereits vor Wochen in der theatereigenen Schuhmacherei speziell für die Sängerin der Musetta angefertigt, von dieser auch anprobiert und müssen demzufolge passen. Für jeden einzelnen Schuh wird der hölzerne Leisten so lange bearbeitet, bis er die genaue Form des Fußes hat. Erst danach können Oberleder und Futter zugeschnitten, die Sohle angenäht werden. Bis zur Fertigstellung eines Maßschuhs können mehr als 30 Stunden Handarbeit notwendig sein.

*

Wir verlassen den abendländischen Kulturkreis und stürzen uns kopfüber in *Tausendundeine Nacht*. Zu Beginn von Henri Raubauds Oper *Maruf, der Schuster von Kairo* müssen wir mit ansehen, dass auch die orientalische Ehe kein Zuckerschlecken ist: Weil er den falschen Kuchen gekauft hat, zeigt Fatimah ihren Mann wegen Körperverletzung beim Kadi an. Natürlich ist die Ehefrau im Unrecht ... Leider sieht der Richter das anders und verurteilt Maruf zu zweihundert Peitschenhieben. Um der Strafe zu entgehen, flieht der Schuster auf ein Schiff, das ihn nach Kairo bringen soll. Doch der Kutter gerät in Seenot und sinkt, Maruf überlebt als einziger das Unglück. Endlich in Kairo eingetroffen, nimmt ihn sein dort wohnender Freund Ali bei sich auf. Dieser kleidet den Schuster stattlich ein und schickt ihn zum Sultan, der händeringend nach einem vermögenden Bräutigam für seine Tochter Saamcheddine sucht. Na, und jetzt erscheint ja endlich ein geeigneter Kandidat: Aufgrund der schicken Ausstaffierung wird Maruf für einen Kaufmann gehalten. Dieser spielt die Posse mit und erklärt sich für mittellos – zumindest bis zur Ankunft seiner Kamele. Leider könne es nämlich auch bei einer Karawane zu Verzögerungen im Betriebsablauf kommen. Der Sultan ist überzeugt, greift in den Dukatensack und richtet die Hochzeit aus. Nach 40 Tagen wird der Wesir langsam misstrauisch. Er rät dem Sultan, dass sich die Prinzessin über den Verbleib der Karawane erkundigen soll. Dabei weiß Saamcheddine längst, dass ihr Schatz nur ein armer Schuster ist. Wenn ein Mann aber so gut küssen kann wie Maruf, dann spielt Geld doch keine Rolle. Bei einem Trip durch die Wüste findet Maruf einen Ring, den er reibt und dadurch einen Dschinn befreit. Daraufhin zieht der Schuster erfreut seinen Wunschzettel aus der Hose und liest vor: 1.000 Kamele, 1.400 Maultiere, eine Kiste Juwelen, eine Auswahl an exotischen Düften und noch ein Dutzend Wasserpfeifen. Im Finale bei Hofe bittet der Sultan Maruf um Verzeihung und lässt sich einen Rohrstock für die Füße des Wesirs bringen.

*

Auch Wilhelm Kienzl hat eine Schuster-Oper komponiert, die auf einer Geschichte aus *Tausendundeiner Nacht* basiert: *Hassan, der Schwärmer* wohnt bei seiner Mutter in Bagdad. Diese hat mehrere Kuchen gebacken und ist jetzt übellaunig, da ihr Sohn nur einen einzigen Gast zu seinem Geburtstag empfangen möchte. Nein, keinen von der Familie, auch nicht aus Hassans Freundeskreis: Der Schuster hat sich in den Kopf gesetzt, eine wildfremde Person anzusprechen und einzuladen. Seine Wahl fällt auf den Kalifen, der an diesem Abend inkognito unterwegs ist. Der Stellvertreter Allahs nimmt das Angebot gern an und setzt sich zum Plausch an den Kaffeetisch. Allerdings schaut Hassan zu tief in das Weinglas: Er wünscht sich, nur für einen Tag Kalif zu sein, und schläft volltrunken ein. Als der Schuster am darauffolgenden Morgen im Palast die Augen aufschlägt, ruft er erschrocken nach seiner Mutter. Erst nach und nach begreift Hassan, dass sein Traum wahr geworden ist. Da er aber Entscheidungen trifft, die zu Lasten der Hofkasse führen würden, zieht der Kalif die Notbremse und verabreicht dem Schuster ein Hypnotikum. Kurze Zeit später erwacht Hassan auf den Treppen seiner Werkstatt und beschließt für sich: Schuster, bleib bei deinem Leisten!

Dieses Gewerk auch hier:

Der Schuster, Singspiel von F. Aumann
Zwei Schuster in *Experimentum mundi* von G. Battistelli
Piet, Schuster, in *Der Schuster von Delft* von B. Bersa
Der Wiener Schusterbub, Oper von C. Binder
Ein Schuster in *Ulenspiegel* von W. Braunfels
Ein Schuster in *Louise* von G. Charpentier
Pedrillo, Schuhmacher, in *Das Verdikt* von J. Cikker
Der Schuhmacher und seine Frau, Komödie mit Gesang von I. Dannström

Bernhand, ein alter Schuster, in *Handwerkerliebe* von F.L. Gassmann

Der Wiener Schuster in Damask, Singspiel von F. Gläser

Die schöne Schusterin, Liederspiel von F. Gumbert

Pfrim, ein alter Schuster, in *Höllenangst* von M. Hebenstreit

Der lustige Schuster oder Der Teufel ist los Teil II, komische Oper von J.A. Hiller und J.G. Standfuß

Jobsen Zeckel, Schuhflicker, und *Nickel, Schuhknecht,* in *Der lustige Schuster* von F.A. Holly

Blasius der Schuster, komische Oper von M. Jacob

Der närrische Schuster, Wiener Volksposse von C. Millöcker

Knieriem, ein Schustergesell, in *Der böse Geist Lumpazivagabundus* von A. Müller sen.

Leist, ein Schuster, in *Das Haus der Temperamente* von A. Müller sen.

Meister Pfrien, ein Schuster, in *Die unruhige Nachbarschaft* von Wen. Müller

Kleinthaler, der Schuster, in *Der eiserne Heiland* von M. v. Oberleithner

Sebastian Brandel, ein Schuster, in *Der lustige Schuster oder Die verwandelten Weiber* von F. Paër

Blasius der Schuster, Buffo-Oper von F.-A.D. Philidor

Squakino, Schumacher, in *Der Silberschuh* von I. Pizzetti

Pinellino, ein Schuster, in *Gianni Schicchi* von G. Puccini

Crispino Taccetto, ein armer Schuhflicker, in *Crispino und die Patin* von L. Ricci

Schuster Flink, Oper von G. Rieger

Raapana, ein Schuster (Sprechrolle), in *Die rote Linie* von A. Sallinen

Der Schuster in *Schwarzer Peter* von N. Schultze

Der lustige Schuster, Singspiel von A. Schweitzer
Der Schuster von Castlebury, komische Oper von W. Shield
Der politische Schuster und *Der Schuster von Sievring*, Volksstücke von F. v. Suppé
Die schöne Schusterin oder Die puecefarbenen Schuhe, Singspiel von I. Umlauf
Der Schuster in *Die wundersame Schusterfrau* von U. Zimmermann

Verknopft und zugenäht
Damen- und Herrenschneider

Wenn Sie zum ersten Mal nach Düsseldorf kommen, werden Sie mit hoher Wahrscheinlichkeit auf Schneider Wibbel stoßen. In der Innenstadt gibt es eine Gasse, die seinen Namen trägt, und in dieser finden Sie auch die berühmte Spieluhr und eine Wibbel-Statue. Für sein Lustspiel griff Hans Müller-Schlösser auf eine reale Begebenheit zurück, machte aber aus dem Berliner Bäckermeister einen Düsseldorfer Schneider. Das Theaterstück war wiederum Grundlage für eine heitere Oper von Mark Lothar. Gehen wir also zurück ins frühe 19. Jahrhundert, als die Truppen Napoleons gerade das Rheinland besetzt halten. Anton Wibbel frönt seinem liebsten Hobby, der Einnahme von alkoholhaltigen Kaltgetränken. In stark angeheitertem Zustand wünscht er sich von der Bänkelsängerin Hopp-Majänn ein Spottlied auf den kleinwüchsigen Kaiser. Als das bei den Franzosen die Runde macht, soll Wibbel für vier Wochen hinter schwedische Gardinen wandern. Da er sich aber viel lieber um sein Geschäft kümmern möchte, drückt er seinem zweiten Gesellen Zimpel etwas Bargeld in die Hand, damit dieser für ihn die Strafe absitzt. Zimpel rückt sogleich für seinen Chef in den Bau, doch schon nach wenigen Tagen klopft ein Polizist an die Tür von Familie Wibbel. Mit tiefer Bassstimme bringt er Fin Wibbel bei, dass ihr Ehemann während der Inhaftierung verstorben sei und der Tote nun irgendwann einmal abgeholt werden müsse. Anton Wibbel nimmt daraufhin einige Veränderungen an seinem Äußeren vor und gibt sich fortan als Zwillingsbruder Jean-Baptist aus. Als er seiner eigenen Beerdigung beiwohnt, fällt der gern zitierte Spruch „Nä, watt bin ich für'ne schöne Leich". Der erste Schneidergeselle Mölfes, der von der ganzen Farce nichts weiß, reagiert schnippisch, da er sich bereits Hoffnungen auf Wibbels Witwe und den Laden gemacht hatte. Erneut den Genüssen des Rheinweins erlegen, gibt Wibbel das Geheimnis um den verschwundenen Zimpel schließlich doch preis. Wieder hat der Schneider mehr Glück als Verstand, denn kurz darauf trifft die Nachricht ein, dass Napoleon in der Völkerschlacht bei Leipzig eins auf die Mütze bekommen hat.

*

In Jan Brandts-Buys' komischer Oper *Die Schneider von Schönau* buhlen selbige um die Schwarzwaldwitwe Veronika Schwälble. Nach Meinung des Handwerksburschen Florian hat die Vroni nun lang genug um ihren verstorbenen Gatten getrauert. Daher lässt er sich den Wettbewerb „Herzblatt" einfallen, welcher später sogar fürs Fernsehen adaptiert wurde. Da man aber 1830 in ganz Liebenzell keine automatische Schiebewand auftreiben konnte, ändert Florian die Spielregeln zu seinen Gunsten ab: Die drei Kandidaten Kaspar Wiegele, Melchior Biegele und Balthasar Ziegele sollen ihm je einen Anzug schneidern – der Schnellste kann Vroni mit nach Hause nehmen! Unter Mithilfe ihrer Lehrjungen Michele, Tonele und Heinele kommen die Herren so gut voran, dass die Arbeit rasch getan ist. Trotzdem gibt es keinen Gewinner, da die Schneider gleichzeitig fertig werden. Also gut, auf in die zweite Runde. Florian probiert die Anzüge nacheinander an: Sie sitzen, sogar tadellos, alle drei. Tja, und was nun? Vroni winkt ab. Sie hat vor allem beim Umziehen ganz genau hingesehen und ist nun von den Qualitäten Florians überzeugt. Seien Sie also ausdrücklich vor lyrischen Tenören gewarnt! Die schaffen es, sich kostenlos neu einzukleiden und Ihnen nebenbei die Freundin auszuspannen.

*

Es gibt unzählige Möglichkeiten, sich in Schale zu werfen. Ein Ritter beispielsweise legt dann seine Rüstung an, der Karnevalist hingegen verkleidet sich als Pampelmuse. In Alexander von Zemlinskys Oper *Kleider machen Leute* schlüpft ein einfacher Schneidergeselle aus Seldwyla in allerfeinste Garderobe. Wenzel Strapinksi zieht sich seinen selbst geschneiderten Mantel über, setzt die schmucke Zobelmütze auf und lässt sich von einem vorbeikommenden Kutscher durch die Gegend chauffieren. Am Schweizer Bodenseeufer steigt er im schönen Goldach aus und trifft dort auf das noch schönere Nettchen. Sogleich funkt es zwischen den beiden, was dem Prokuristen Melchior Böhni überhaupt nicht in den Kram passt. Doch außer ihm finden alle Gefallen am prächtig ausstaffierten Strapinski. Als Nettchen im darauffolgenden Akt die Verlobung mit dem „Grafen" bekannt gibt, platzt Böhni endgültig der Kragen. Er hat sich über Strapinski informiert und deckt nun dessen wahre Identität auf. Der Schneidergeselle pariert Böhnis Angriff mit dem Argument, dass sich hier alle veralbern lassen wollten. Zu guter Letzt macht Nettchen ihrem Namen alle Ehre: „Kann ich schon keine Frau Gräfin sein, so werd' ich Frau Meisterin!" Böhni zieht seinen Hut, Nettchen und Strapinski ziehen sich aus. Natürlich erst nach der Verlobungsfeier.

Dieses Gewerk auch hier:

McSnip, ein Schneider, in *Die Enttäuschung* von A. Barton
Ein Schneider in *Ein König horcht* von L. Berio

Oehrl, Schneidermeister, in *Ein alter Handwerksbursche* von C. Binder
Ein Schneider in *Ulenspiegel* von W. Braunfels
Starveling/Schlucker, Schneider, in *Ein Sommernachtstraum* von B. Britten
Ser Matteo del Sarto, Schneidermeister, in *Arlecchino oder Die Fenster* von F. Busoni
Der Klammerschneider in *Der Riese vom Steinfeld* von F. Cerha
Petrowitsch, ein Schneider, in *Der Mantel* von A.N. Cholminov
Der Teufel und der Schneider, Oper von F.S. Destouches
Meister Straks, ein Schneider, in *Der Schneider und der Sänger* von F.J. v. Drieberg
Röschen, eine Modeschneiderin, in *Handwerkerliebe* von F.L. Gassmann
Der Schneider in *Der verrückte Jourdain* von F. Geißler
Ein Schneider in *Der Widerspenstigen Zähmung* von V. Giannini
Leroy, Schneider, in *Madame Sans-Gêne* von U. Giordano
Mosbie, ein Schneider, in *Arden muss sterben* von A. Goehr
Ein Schneider in *Der Widerspenstigen Zähmung* von H. Goetz
Der Dorfschneider in *Hanneles Himmelfahrt* von P. Graener
Schnips, der Schneider, in *Der lustige Schuster* von F.A. Holly
Der Schneider in *Königskinder* von E. Humperdinck
Lindane oder Die Fee und der Haarbeutelschneider, Zauberoper von F.A. Kanne
Xaver Zitterbart, Schneider, in *Der Evangelimann* von W. Kienzl
Fritz Stangl, Schneidermeister, in *Das Testament* von W. Kienzl
Ein Schneider in *Die Kathrin* von E.W. Korngold
Niklas, ein Schneider, in *Hans Heiling* von H. Marschner
Lehret, ein Schneider, in *Der grüne Kakadu* von R. Mohaupt

Zwirn, Schneidergesell, Erster und *Zweiter Schneidergesell* in *Der böse Geist Lumpazivagabundus* von A. Müller sen.
Nadl, ein Schneider, in *Das Haus der Temperamente* von A. Müller sen.
Hupfer, ein Schneidermeister, in *Einen Jux will er sich machen* von A. Müller sen.
Der Schneider als Naturdichter, Posse von A. Müller sen.
Krispin, ein Schneider, in *Die Schwestern von Prag* von Wen. Müller
Schneider, Schlosser und Tischler, Oper von T.N. Nidecki
Paolo, Schneider, in *Die Schwätzer* von J. Offenbach
Der Schneidermeister, Labakan, sein Geselle, und drei weitere Gesellen in *Der falsche Prinz* von J.-P. Ostendorf
Schneider Herblinger und *Schneider* in *Der fliegende Schneider* von G. Pressel
Sperlinger, Damenschneider, in *Der Schneider von Ulm oder Der König der Lüfte* von G. Pressel
Schneiderinnen in *Die Schwalbe* von G. Puccini
Schlucker (Sprechrolle), Schneider, in *Die Feenkönigin* von H. Purcell
Peter, ein Schneider, in *Der Dorfbarbier* von J.B. Schenk
Der Schneider in *Schwarzer Peter* von N. Schultze
Das tapfere Schneiderlein, ein musikalisches Märchen von N. Schultze
Ladislaus Strapinski, Schneidergeselle, und *Jodukus Ehrenwirt, Schneidermeister,* in *Kleider machen Leute* von J. Suder
Der Schneider in *Ashmedai* von J. Tal
Halskrause, Schneider aus dem Seidenkönigreich, in *Des Kaisers neue Kleider* von M. Vacek

Augustin Moser, Schneider, in *Die Meistersinger von Nürnberg* von R. Wagner
Ein Schneider in *Die pfiffige Magd* von J. Weismann
Der Schneider in *Der Sänger und der Schneider* von P. v. Winter
Züngl, ein Schneider, in *Der Traumgörge* von A. v. Zemlinsky
Ein Schneider in *Der Schuhu und die fliegende Prinzessin* von U. Zimmermann

Niemals wieder oben ohne
Modisten, Putz- und Hutmacher

Nicht alles, was auf dem Haupt getragen wird, ist automatisch ein Hut. Ist das Material der Kopfbedeckung weich und fehlt dem Hut die umlaufende Krempe, so handelt es sich um eine Mütze. Wenn der Rand des Hutes nicht ganz am Kopf verläuft, muss es korrekterweise als Kappe bezeichnet werden. Trägt man den Hut aus Sicherheitsgründen am Arbeitsplatz, spricht man von einem Helm. Doch auch wenn die Bedeutung des Wortes Hut auf den Schutz zurückgeht, lassen wir den Helm jetzt mal links liegen und greifen nach dem modischen Accessoire, dem Filzhut. Wer einen solchen selbst herstellen möchte, benötigt dafür zunächst einmal einen Filzstumpen. Diesen taucht man in eine steif machende Flüssigkeit und wringt ihn danach wieder aus. Dies soll dazu dienen, dass das gute Stück beim Tragen nicht plötzlich die Form verliert oder durchs Wetter Schaden nimmt. Der feuchte Stumpen kommt jetzt unter eine Dampfglocke, wird anschließend in heißem Zustand gedehnt, auf die Hutform der Wahl gezogen und gut fixiert. Nun das Ganze bei 70 Grad in den Ofen, zwei, drei Stunden warten und – Pling! – müsste der Hut in seiner Rohform eigentlich fertig sein. Wenn es dann doch eher so eine Art Unfall geworden ist, müssen Sie irgendwas falsch gemacht haben. Ein kurzer Abriss à la „Sendung mit der Maus" ersetzt halt nicht das gelernte Handwerk eines Modisten. Freilich beweist ein Blick in die Statistik, dass die Männer mit dem Beruf wenig am Hut haben: 2012 gab es deutschlandweit 40 Auszubildende, davon 39 Frauen und ein Mann.

*

Nach Coco Chanel ist Alphonsine Duplessis – eher bekannt unter ihrem Pseudonym Marie Duplessis – die Prominenteste unter den Modistinnen. Zu den Hutkreationen lässt sich nicht allzu viel sagen, umso mehr aber über ihre Männergeschichten. Duplessis ging nämlich einer lukrativen Nebenbeschäftigung als Kurtisane nach. In die Schlange ihrer Liebhaber reihten sich u. a. Franz Liszt und Alexandre Dumas ein. Letzterer setzte Duplessis mit seinem Roman *Die Kameliendame* ein literarisches Denkmal. Daraus folgte ein Bühnenstück, welches wiederum Giuseppe Verdi sah. Er erkannte sofort, dass in dem Stoff das Potenzial für eine große Oper steckt. Doch die Uraufführung von *La Traviata* wurde vielmehr ein großer Reinfall. Das damalige Publikum tat sich schwer, Mitleid für eine Hure zu empfinden. Zudem sorgte die Leibesfülle der Sopranistin für Gelächter in den Rängen. Heute jedoch zählt das Werk zweifellos zum Kernrepertoire der Opernhäuser. Während die Duplessis in Dumas' Roman Marguerite Gautier heißt, trägt sie bei Verdi den Namen Violetta Valéry. Je nach Regisseur beginnt die Oper in einem Pariser Boudoir oder aber im Swinger-Club von nebenan, in welchem Violetta den Studenten Alfredo Germont kennenlernt. Bei dieser Begegnung prallen zwei grundverschiedene Lebensinhalte aufeinander: Hier die Dame von Halbwelt, die die Ware Liebe verkauft, und dort der Jungspund, der die einzig wahre Liebe zu finden hofft. Doch da Alfredo so ein verdammt süßer, naiver und auch schüchterner Tenor ist, lässt sich Violetta auf seine Avancen ein. Sie hängt ihren Job, nun ja, an den Nagel und zieht mit Alfredo aufs Land. Drei Monate geht es gut, dann stellen sich finanzielle Engpässe ein. Zudem erhält Violetta Besuch von Alfredos Vater Giorgio, der nichts Geringeres als das Ende ihrer Beziehung fordert. Als Argument führt er die Hochzeit seiner Tochter an, die andernfalls zu platzen droht. Nach zähem Ringen ist Violetta bereit, auf das eigene Glück zu verzichten. Sie schreibt Alfredo einen frei erfundenen Abschiedsbrief, packt ihre Koffer und fährt zurück nach Paris. Mit einem gebrochenen Herzen im Gepäck reist ihr Alfredo hinterher und spürt sie bei ihrer Freundin Flora auf. Er ruft mit markigen Worten den Chor herbei, wirft seiner Exfreundin ein Bündel falscher Fünfziger vor die Füße und damit, so Alfredo, sei die Frau vor Zeugen bezahlt worden. Im letzten Akt liegt Violetta mit Tuberkulose im Krankenhaus und wartet schwindsüchtig auf Alfredo, der inzwischen von seinem Vater den wahren Trennungsgrund erfahren hat. Gerade als der Doktor seine Visite absolviert, kommen Alfredo und Papa Germont mit Blumen vorbei. Kurz darauf steht ein weiterer Mann in der Tür. Der mit der Sense.

*

Wir bleiben in der Hauptstadt der Mode, springen aber zeitlich noch weiter zurück. Eine andere bekannte Modistin war Marie-Jeanne Bertin. Auch sie war Französin und besaß ein Pseudonym (Rose Bertin). Ihre beste Kundin war Marie Antoinette, zumindest bis zu dem Tag, an dem diese die wichtigste Voraussetzung zum Tragen eines Hutes verlor – ihren Kopf. Ja richtig, die nächste Oper – Ottorino Resphigis *Marie Victoire* – spielt in den Jahren der Französischen Revolution. Das Ehepaar Maurice und Marie de Lanjully hat sich eine kleine Welt geschaffen, die bislang von den Kämpfen verschont blieb. Das ändert sich jedoch schlagartig, als Maurice zu seinem Vater aufbrechen muss und Marie wegen einer Lappalie verhaftet wird. Im

Gefängnis unterstellt man ihr konterrevolutionäres Verhalten, auf das die Todesstrafe steht. In der Annahme, ihr letztes Stündlein habe geschlagen, gibt sich Marie dem jüngeren Freund ihres Schwiegervaters hin. Am Tag danach ändert sich die politische Lage und Marie wird entlassen. Ganze sechs Jahre später – die Revolution ist mittlerweile Geschichte – führt Marie unter dem Namen Victoire eine gutgehende Hutmacherei in der Pariser Innenstadt. Neun Monate nach der betreffenden Nacht mit Clorivière ist Marie Mutter eines Jungen geworden. Ihren Ehemann Maurice hält sie längst für tot. Umso größer ist die Überraschung, als dieser plötzlich im Laden steht. In dem Moment fliegt die Hutmacherei mit einem lauten Kawumm in die Luft. Hinter der Explosion steckt ein Attentat auf Napoleon, welches gründlich misslingt. Voller Sorge um seinen Sohn sucht Clorivière Marie auf. Erst dadurch erfährt Maurice, dass das Kind vom Freund seines Vaters ist. Aber bevor Maurice das alles richtig verarbeiten kann, wird er als mutmaßlicher Sprengstoffattentäter festgenommen. Vor Gericht beschwört Marie ihren Ehemann, sich zu verteidigen. Voller Schamgefühl gesteht sie ihm, was in der besagten Nacht wirklich passiert ist. Kurz darauf reißt es den anwesenden Clorivière von seinem Sitz. Er bekennt sich zu dem Anschlag, richtet eine Waffe auf sich und drückt ab. Resphighi ist hier ein waschechter Opernkracher gelungen, ein Revolutionsdrama vom Allerfeinsten. Hut ab, sozusagen.

Diese Gewerke auch hier:

Madame Traunicht, *Putzmacherin*, und *Putzmacherinnen* in *Die Braut* von D.-F.-E. Auber

Verrückter Hutmacher in *Alice im Wunderland* von U. Chin

Eine Putzmacherin (stumme Rolle oder Chor) in *Don Pasquale* von G. Donizetti
Eine Modistin in *Madame Liselotte* von O. Gerster
Lieschen, eine Haubenhefterin, in *Handwerkerliebe* von F.L. Gassmann
Hanswurst als Haubenhefterin in *Die Feuersbrunst* von J. Haydn
Der Hutmacher in *Die Jagd nach dem Schlarg* von W. Hiller
Lantier, ein Hutmacher, in *Gervaise Macquart* von G. Klebe
Fadinger oder Die Revolution der Hutmacher, Oper von E.L. Leitner
Hutmacher und Strumpfwirker und *Julerl, die Putzmacherin,* Possen von A. Müller sen.
Philippine, Putzmacherin, in *Einen Jux will er sich machen* von A. Müller sen.
Putzmacherinnen in *Das Mädl aus der Vorstadt* von A. Müller sen.
Katherl, eine Haubenhefterin, in *Taddädl, der dreyssigjährige ABC Schütz* von Wen. Müller
Mizi Schlager, Modistin, in *Liebelei* von F. Neumann
Die intrigante Modistin, Komödie für Musik von G. Paisiello
Der Hutmacher, Kammeroper von J. Sári
Eine Modistin in *Der Rosenkavalier* von R. Strauss
Virgine, eine Modistin, in *Der Kadi* von A. Thomas

Nadel verpflichtet!
Näher, Sticker und Stricker

Was denken Sie, wie viele Monate kann es dauern, bis so ein Theaterkostüm fertig ist? Also angefangen von der ersten Idee bis hin zum Premiereneinsatz auf der Bühne. Zwei? Vielleicht drei? Die Antwort macht deutlich, dass eine Menge Arbeit darin steckt: Ganze zwölf. Mitunter sind es sogar noch mehr. Zuerst treffen sich Regisseur, Dramaturg und Ausstattungsteam zum Konzeptionsgespräch. Darin geht man gemeinsam der Frage nach, wie der Abend optisch daherkommen könnte. Soll es historisch werden oder eher naturalistisch, sehr modern oder doch lieber traditionell? Im Anschluss daran zeichnet der Kostümbildner die Figurinen und wählt mit dem Gewandmeister die jeweiligen Stoffe aus. Bevor deren Zuschnitt erfolgen kann, müssen erst einmal Schablonen angefertigt werden. Die zugeschnittenen Stoffe wandern dann mit den Entwürfen in die Kostümwerkstatt, in welcher die einzelnen Teile zusammengenäht werden. Für letzteres geht durchschnittlich eine volle Arbeitswoche drauf, denn wer möchte sich später nachsagen lassen, mit heißer Nadel genäht zu haben? Sodann kommt der Sänger zur Anprobe vorbei. Sitzt alles perfekt? Wenn ja, dann geht es mit der Bühnenprobe weiter, beispielsweise um die Beleuchtung anzupassen. Hat dann wirklich keiner mehr was zu meckern, kann das Nähkästchen zugeklappt werden. Aber nur bis zur nächsten Änderung oder Reparatur.

*

Verachtet mir die Meister nicht

Im früheren Paris wurde eine junge Näherin Midinette genannt. Hinter „Midi" steckt der Mittag, hinter „Dinette" das halbierte Dinner. Folglich handelt es sich um eine Mademoiselle, die Punkt zwölf ihre Nadelarbeit zur Seite legt, um eine kleine Mahlzeit einzunehmen. Und was macht die Midinette abends? Da taucht sie mit eiskalten Händchen bei ihrem Nachbarn auf, weil ihr das Feuer ausgegangen ist. Doch vorher lernen wir in Giacomo Puccinis Oper *La Bohème* eine vierköpfige Männer-WG kennen. Am kühlen Weihnachtsabend hocken der Maler Marcello und der Philosoph Colline um einen kleinen Ofen, in welchem der Dichter Rudolfo gerade sein neuestes Manuskript verheizt. Rechtzeitig, bevor die Wärme nachlässt, erscheint der Musiker Schaunard mit deutlich besserem Brennstoff: Ein Bündel Holz, Zigarren und Bordeaux, aber auch etwas zu futtern sowie dringend benötigtes Bargeld hat er dabei. Das muss offenbar der Hauseigentümer Benoit gerochen haben, der kurz darauf eintritt, um die fällige Miete zu kassieren. Die Künstler verwickeln ihn in ein Gespräch über Frauen, Benoit redet sich um Kopf und Kragen – und wird hinausgeworfen. Die Jungs beschließen, die geretteten Moneten im Café Momus auf den Kopf zu hauen. Nur Rudolfo hat noch Schreibarbeit zu erledigen und will später dazustoßen. Kaum ist er allein, steht das Fräulein von nebenan vor der Tür. Mimi bittet nicht um Mehl, auch nicht um Eier, sondern um ein Streichholz für ihre Kerze. Und was nun geschieht, ist wohl nur in der Oper möglich: Mimi verliert ihre Schlüssel, Rudolfo steckt sie heimlich ein, ergreift Mimis Hand und – Peng! – liegt Liebe in der Luft. Rudolfo stellt sich brav vor, beschreibt sein Leben und seine Träume; Mimi singt davon, dass sie am liebsten Blumen auf Leinen oder Seide stickt, und Puccini, der Kardiologe unter den Komponisten, schreibt beiden eine Musik dazu, die dem Zuhörer das Herz aufschließt. In ihrer Arie verrät Mimi, dass sie eigentlich Lucia heißt. Dieser Name hängt mit der Romanvorlage von Henri Murger zusammen, bei der die Modistin Lucille Louvet für Mimi Pate stand. Zu Beginn des zweiten Aktes herrscht in den Straßen des Quartier Latin der überall typische Weihnachtsstress: Händler preisen lautstark Bonbons, Datteln und heiße Kastanien an, Ehemänner tragen Geschenke nach Haus, die sie auf den letzten Drücker gekauft haben, und der Kinderchor ruft nach den Erzeugnissen des Spielzeughändlers Parpignol. Rudolfo kommt mit Mimi zum Café Momus gelaufen und macht sie mit seinen Mitbewohnern bekannt. In diese Szene platzen Marcellos Exfreundin Musetta und ihr reicher neuer Liebhaber Alcindoro. Während der Maler sich alle Mühe gibt, Musetta zu ignorieren, versucht sie wiederum, sein Interesse zu wecken. Es folgt ein Austausch kleinerer Gemeinheiten, getreu dem Motto: Was sich neckt, das liebt sich. Die Rechnung dafür muss Alcindoro zahlen, und zwar im doppelten Sinne: Musetta erklärt dem Kellner, dass die Runde der Bohémiens auf ihren Begleiter geht. Dann düst sie mit Marcello davon. Wenige Monate später möchte Rudolfo die Beziehung zu Mimi wieder beenden. Als Mimi Marcello aufsucht, muss sie sich vor dem plötzlich auftretenden Rudolfo verstecken. Sie belauscht das Männergespräch, in welchem Rudolfo das fürchterliche Husten von Mimi als Grund für die Trennung angibt. Obwohl sich das Paar noch einmal zusammenraufen kann, stirbt die Midinette im darauffolgenden Akt an ihrer Schwindsucht. Taschentücher nicht vergessen!

*

Verachtet mir die Meister nicht

Noch immer steht Ruggero Leoncavallos *La Bohème* im Schatten der ein Jahr früher uraufgeführten Puccini-Vertonung. Doch während Musetta bei Puccini lediglich eine Kokotte ist, bezieht sie bei Leoncavallo ein kleines, aber eigenes Einkommen als Näherin. Die vier Männer bleiben ihren Künsten treu, Mimi ist hier eine Blumenbinderin, und mit der Büglerin Eufemia gibt es sogar einen echten Neuzugang. Die sieben Freunde feiern an Weihnachten ausgelassen im Café Momus, obwohl noch nicht so ganz klar ist, wie die Rechnung bezahlt werden soll. Ein am Nebentisch sitzender Monsieur teilt dem Wirt mit, dass er die Zeche übernimmt. Da das stolze Septett nicht einfach eingeladen werden möchte, schlägt Schaunard ein Glücksspiel vor: Eine Runde Billard – der Verlierer zückt seinen Geldbeutel. Erwartungsgemäß gewinnt Schaunard und alle sind zufrieden. Im Frühling beschließt Musetta, sich bei Marcello häuslich niederzulassen. Die schnell angesetzte Auszugsparty muss unter freiem Himmel stattfinden, da der Gerichtsvollzieher Musettas Wohnung bereits zwangsgeräumt und ihre Möbel zur Pfändung in den Hof gestellt hat. Es dauert jedoch nicht lange, bis die spießigen Anwohner im Ordnungsamt anrufen. Mimi macht sich mit einem jungen Adligen aus dem Staub, der sie auf der Fete angegraben hat. Gegen Ende des Sommers treffen Musetta und Mimi im Hausflur aufeinander. Die eine hat vom Männerhort die Faxen dicke und zieht gerade wieder aus, die andere sehnt sich nach Rudolfo und möchte zu ihm zurückkehren. Das würde sie sich an ihrer Stelle ja nochmal überlegen, meint Musetta, allein schon der Dreckwäsche wegen. Der heimkehrende Marcello unterbricht den Tratsch im Treppenhaus und ruft nach Rudolfo. Beide Männer sind sich schnell einig: Die Mansarde wird ab sofort zur frauenfreie Zone erklärt! Als es erneut weihnachtet, schleppt sich Mimi mit letzter Kraft zu Rudolfo. Während draußen die Christglocken läuten, schläft sie friedlich in seinen Armen ein.

*

Wir bleiben mitten im prallen Leben der Bohémiens und statten *Louise* am Montmartre einen Kurzbesuch ab. Die Oper um eine rebellische Näherin stammt von Gustave Charpentier, der als 15-Jähriger selbst einmal in einer Spinnerei arbeitete. Die junge Louise hat sich in den Dichter Julien verliebt und muss von Zuhause fortlaufen, da dieser von den Eltern als Schwiegersohn abgelehnt wird. Im dritten Akt fordert die Mutter Louise auf, zum kranken Vater mitzukommen. Zum Dank dafür wird sie im Anschluss nicht wieder zu Julien gelassen. Louise versucht ein letztes Mal, ihre Eltern von Julien zu überzeugen, doch das bleibt verlorene Liebesmüh'. Als sie das Haus verlassen will und damit die einzig richtige Entscheidung trifft, versperrt ihr der Vater den Weg. Doch er kann sie nicht mehr aufhalten. Während im Hintergrund die Lichter der Pariser Großstadt leuchten, läuft Louise hinaus in die Freiheit.

Diese Gewerke auch hier:

Paloma, *Näherin*, und *Nähmädchen* in *Der Barbier von Lavapiés* von F.d.A. Asenjo Barbieri
Nelly, *eine Näherin*, in *Die Nachtschwalbe* von B. Blacher
Giazinta, *eine junge Näherin*, in *Prinzessin Brambilla* von W. Braunfels
Eva, *eine Näherin*, in *Eva* von J.B. Foerster
Giacinta, *eine Näherin*, in *Die Launen und Einfälle Callots* von G.F. Malipiero

Die Näherin, Posse von C. Millöcker
Rosalie und *Sabine*, *Näherinnen*, und *Thekla*, *Stickerin*, in *Das Mädl aus der Vorstadt* von A. Müller sen.
Eine Näherin in *Marie Victoire* von O. Resphighi
Lenka, *Näherin*, in *Meister Jíra* von J. Vogel

Spinne, Schwester, und singe!
Spinner, Weber, Wirker und Tuchmacher

Die Nornen waren die ersten, die mit dem Spinnen und Weben angefangen haben, jedenfalls in der germanischen Mythologie. Darum sind Urd, Verdandi und Skuld mit dem wichtigsten aller Garne betraut – dem Schicksalsfaden. Weil ein Faden vom Zuschauerraum aus aber so schlecht zu erkennen ist, drückt Richard Wagner den nordischen Jungfrauen ein dickes Seil in die Hand. Doch bei diesem scheint es sich um ein minderwertiges Fabrikat zu handeln, denn es hält keine zwanzig Minuten dem Schwung der Nornen stand, dann ist es kaputt. Hier wurde also wieder einmal am falschen Ende gespart. Die drei Damen prophezeien daraufhin eine *Götterdämmerung*, kramen die gerissenen Teile zusammen und ziehen sich angesäuert in ihre Garderoben zurück.

*

Dass Spinnerinnen auch Spaß an ihrer Arbeit haben können, beweist uns Wagner in seinem früheren Werk *Der Fliegende Holländer*. Die Mädchen sitzen zu Beginn des zweiten Aktes um einen Kamin herum und trällern ein fröhliches Lied über brummende Rädchen und tausend Fädchen. Nur Senta singt nicht mit, da sie eher auf schwere Balladenkost steht. Da Sopranistinnen dazu neigen, immer dann zickig zu werden, wenn es nicht nach ihnen geht, gibt der Damenchor nach. Nun hören wir die Geschichte eines niederländischen Kapitäns, für den Senta Sympathien hegt, obwohl sie ihn noch nie getroffen hat. Was die Maid nicht weiß: Das Schicksal hält eine gute und eine schlechte Nachricht für sie parat. Die schlechte ist, dass sie vom eigenen Vater verschachert wurde; die gute, dass hinter dem Käufer der besungene Seemann steckt. Doch bei seiner Ankunft verschweigt Senta, dass sie eigentlich liiert ist und in der Pubertät die folgenschwere Dummheit beging, dem Verlobten ewige Treue zu schwören. Als die Wahrheit später herauskommt, reist der Holländer sogleich wieder ab, weil er von verkorksten Beziehungskisten die Schnauze gestrichen voll hat. Senta will nicht so schnell aufgeben und versucht, auf sein Schiff zu kommen. Leider springt die Nichtschwimmerin daneben. Ob die frei gewordene Stelle am Spinnrad neu besetzt wird, ist nicht überliefert.

*

Da das Werkeln durch eine Unterhaltung einfach leichter von der Hand geht, gibt es auch in Franz Schuberts Oper *Fierrabras* einen Chor der Spinnerinnen, den wir direkt nach der Ouvertüre in Karls königlicher Halle belauschen können. Karls Tochter Emma, mehrere Jungfrauen sowie eine Spinnerin sitzen beieinander und singen von zarten Silberfäden, glänzenden Geweben und dem Ergebnis ihrer Arbeit (ein neues Festgewand), also genau darüber, „was Spinnerhand vermag". Als die Mädchen mit dem Kleid fertig sind, packen sie alles zusammen und verlassen den Arbeitsplatz so, wie es sich gehört – in aufgeräumtem Zustand. Als die Letzte das Bühnenlicht ausknipsen will, stellt sie fest, dass Emma noch da ist. Diese wartet auf ihren Freund, den Ritter Eginhard, der versprochen hat, sie abzuholen. Das Treffen ist geheim, da Papa Karl gegen die Liaison ist. Nicht nur er, auch Fierrabras, der nicht ganz freiwillig am Hofe weilt und in Emma hoffnungslos verknallt ist, beobachtet diese

SPINNE, SCHWESTER, UND SINGE!

Liebe mit Argusaugen. Als Emma und Eginhard entscheiden, miteinander durchzubrennen, werden sie von Fierrabras verpfiffen, der als Petze völlig zu recht im Kerker landet. Umso unklarer ist, warum Eginhard beschließt, ihn da wieder rauszuholen. Da auch der Ritter viel zu redselig ist, geht die Sache natürlich schief, und er fliegt als Nächster in den Turm. Die nun übriggebliebene Emma gesteht ihrem Vater, dass sie Eginhard noch immer lieben würde. Auch gut, denkt Karl, und bestraft seine Tochter, indem er Fierrabras wieder freilässt. Erst als sich der Vater von Fierrabras einmischt, den die Sache eigentlich gar nichts anzugehen hat, stimmt Karl der Hochzeit von Emma und Eginhard zähneknirschend zu.

*

Giuseppe Verdis Oper *Simon Boccanegra* entführt uns ins norditalienische Genua des 14. Jahrhunderts, in welchem gerade das Dogenamt nach venezianischem Muster eingeführt werden soll. Der Doge war ein von den Bewohnern bestimmtes Oberhaupt, das sich nicht mit einer Krone, dafür aber mit einer nicht weniger funkelnden Dogenmütze schmücken durfte. Im Prolog des Melodrams geht Paolo Albiani dem Handwerk eines Goldwirkers nach, was darauf schließen lässt, dass seine geschickten Hände bei der Fertigung der Dogenmütze mit im Spiel waren. Darüber hinaus besitzt Albiani als Anführer der Genueser Volkspartei auch politischen Einfluss. Sein nicht ganz uneigennütziger Vorschlag für die Besetzung von Genuas erstem Dogen gilt Simon Boccanegra. Des Kandidaten Widersacher ist der Edelmann Jacopo Fiesco, dessen Tochter wiederum Boccanegra liebte und ihm ein uneheliches Kind gebar. Die Vergangenheitsform ist ganz bewusst gewählt, denn die

Dame weilt inzwischen unter der Erde. Über den Verbleib des Kindes ist jedoch nichts bekannt. Nachdem der Prolog mit der – von Seeleuten und Handwerkern umjubelten – Ernennung von Boccanegra zum Dogen endet, dauert es stramme 25 Jahre, bis es mit dem ersten Akt weitergeht. Fiesco ist inzwischen der priesterliche Vormund einer jungen Sopranistin geworden, die sich in der Theaterkantine in einen Tenor verguckt hat. Als Boccanegra das Mädchen auf einer Gartenschau sieht, lädt er sie zu sich nach Hause ein, um für seinen Freund Albiani zu werben. Dort stellt sich heraus, dass der Sopran das verschwundene Kind Boccanegras ist. Daraufhin nimmt der Doge seine Empfehlung für Albiani ausdrücklich wieder zurück, worauf ihm dieser Gift in den Schlafbecher kippt. Bevor das wirkt, kann Boccanegra noch klare Verhältnisse schaffen: Dem greisen Fiesco wird die Enkeltochter zugeführt und der Sopran darf den Tenor aus der Kantine heiraten, der zugleich auch neuer Doge werden soll.

Diese Gewerke auch hier:

Bottom/Zettel, Weber, in *Ein Sommernachtstraum* von B. Britten
Bazu, Tuchmacher, in *Der Tuchmacher* von J.F. Halévy
Irwing, Weber, und seine Frau, Weberin, in *Der Goggolori* von W. Hiller
Hutmacher und Strumpfwirker, eine Posse von A. Müller sen.
Zettel, Weber, in *Die Feenkönigin* von H. Purcell
Mittlere Schwester, Weberin, in *Das Märchen vom Zaren Saltan* von N.A. Rimski-Korsakow
Bertha, Spinnerin, in *Bertha die Spinnerin* von A. Schricker
Rosine, eine Spinnerin, in *Der Zaubermantel* von C.F. v.d. Velde

SPINNE, SCHWESTER, UND SINGE!

Hans Schwarz, Strumpfwirker, in *Die Meistersinger von Nürnberg* von R. Wagner

Hinter der Bühne:

Im Gegensatz zum komplett neu errichteten Leipziger Gewandhaus, das auf dem Platz des früheren Gebäudes der Tuch- und Wollwarenhändler steht, war das heutige Gewandhaus in Zwickau tatsächlich einmal Sitz der örtlichen Tuchmacher-Zunft. Gebaut wurde es von 1522 bis 1525 und damit mitten in der Blütezeit der Zwickauer Tuchmacherei. Im 19. Jahrhundert begann der schrittweise Umbau zur Opern- und Theaterbühne, die den 2. Weltkrieg schadlos überstand. Gegenwärtig bietet das denkmalgeschützte Gewandhaus Zwickau Platz für 400 Besucher.

Opern-Register

A

Adelson und Salvini (Adelson e Salvini) – S. 53
Aida – S. 56
Aladin und die Wunderlampe (Aladino e la lampada magica) – S. 69
Albert Herring – S. **27**
Alice im Wunderland (Alice in Wonderland) – S. 179
Die Alpenhütte – S. 54
Der alte Maler – S. 54
Ein alter Handwerksbursche – S. 20, 30, 173
Angiolina oder Die Ehe im Flüsterton (L'Angiolina ossia Il matrimonio per Susurro) – S. 41
Aphrodite – S. 153
Arabella – S. 108
Arden muss sterben – S. 173
Ariadne auf Naxos – S. 41, 44
Arlecchino oder Die Fenster – S. 173
Ascanio – S. 69
Ashmedai – S. 174
Augustin – S. 137
Der Aufstand – S. 136
Die Ausflüge des Herrn Brouček (Výlety páně Broučkovy) – S. 54, 68
Die Ausgestoßene (La Lépreuse) – S. 59

B

Bählamms Fest – S. 87
Der Barbier (Il parrucchiere, G. Astarita*)* – S. 39

Der Barbier (*Il parrucchiere*, N. Piccinni) – S. 41
Der Barbier der Regentschaft (*Il parrucchiere della reggenza*,
 C. Pedrotti) – S. 41
Der Barbier der Regentschaft (*Le Perruquier de la Régence*,
 A. Thomas) – S. 42
Der Barbier vom Dorfe – S. 40
Der Barbier vom Dorfe oder Die Rückkehr (*Le Barbier du village
 ou Le Revenant*) – S. 40
Der Barbier von Arpino (*Il barbiere di Arpino*) – S. 42
Der Barbier von Bagdad (J. André) – S. 39
Der Barbier von Bagdad (P. Cornelius) – S. **39**
Der Barbier von Bagdad (J.K. Hataš) – S. 40
Der Barbier von Bagdad (*Bagdadskij borodobrej*, N.A. Rimski-
 Korsakow) – S. 41
Der Barbier von Berlin – S. 40
Der Barbier von Lavapiés (*El barberillo de Lavapiés*) – S. 39, 185
Der Barbier von Sevilla (F.L. Benda) – S. 39
Der Barbier von Sevilla (*Il barbiere di Siviglia*, F. Morlacchi) –
 S. 41
Der Barbier von Sevilla (*Il barbiere di Siviglia*, G. Paisiello) –
 S. 41
Der Barbier von Sevilla (*Il barbiere di Siviglia*, G. Rossini) –
 S. **36**
Der Barbier von Sevillien – S. 39
Der Barbier von Sievering – S. 41
Der Barbier von Trouville (*Le Barbier de Trouville*) – S. 40
Die Barbiere von Bassora (*The Barbers of Bassora*) – S. 40
Der Barometermacher auf der Zauberinsel – S. **83**
Der Baumeister (*O Protomastoras*) – S. 145
Beatrice Cenci – S. 107

Die beiden Fassbinder oder Reflexionen und Aufmerksamkeiten – S. 93
Die beiden Figaro – S. 40
Benvenuto Cellini (H. Berlioz) – S. 68, **131**
Benvenuto Cellini (F. Lachner) – S. 132
Bertha die Spinnerin – S. 35, 190
Der betrogene Kadi (*Le cadi dupé*) – S. 163
Blasius der Schuster (*Blaise le savetier*, M. Jacob) – S. 168
Blasius der Schuster (*Blaise le savetier*, F.-A.D. Philidor) – S. 168
La Bohème (R. Leoncavallo) – S. 54, 59, **184**
La Bohème (G. Puccini) – S. 55, 56, 165, **182**
Bordellballade – S. 30
Boris Godunow – S. 129
Der böse Geist Lumpazivagabundus – S. 30, 54, 103, 168, 174
Der Böttcher (*Le tonnelier*) – S. 92
Der Brandner Kasper – S. 122
Der Brauer von Preston (*Le Brasseur de Preston*, A. Adam) – S. 26
Der Brauer von Preston (*Il birraio di Preston*, L. Ricci) – S. 26
Die Braut (*La fiancée*) – S. 53, 179
Die Brautwahl – S. **52**, 68
Buovo d'Antona – S. 35
Der Bürgermeister von Saardam (*Il borgomastro di Saardam*) – S. **106**

C
Cardillac – S. **67**
Carmen – S. **29**
Cavalleria rusticana – S. 129
Cornelius Schut (*Cornill Schut*) – S. 55
Der Corregidor – S. 35
Crispino und die Patin (*Crispino e la comare*) – S. 145, 168

D

Dido – S. 94
Döbeln – S. 20
Don Carlos – S. 76
Don Giovanni – S. 72, 89, 90
Don Pasquale – S. 40, 180
Don Quichotte in Sierra Morena (*Don Chisciotte in Sierra Morena*) – S. 40
Don Quijote de la Mancha – S. 42
Der Dorfbarbier – S. 41, 174
Der Dorfbarbier und die Schmiedswitwe – S. 41
Dorian Gray – S. 53
Der Drahtbinder (*Dráteník*) – S. 118
Die drei gerechten Kammmacher – S. 59, 114
Drei Haare des Väterchens Allwissend (*Tři vlasy Děda Vševěda*) – S. 158

E

Echnaton (*Akhnaten*) – S. 48
Der eingebildete Sokrates (*Socrate immaginario*) – S. 41
Der eiserne Heiland – S. 137, 168
Elektra – S. **28**
Eli – S. 21, 60, 65, 122, 145
Elisa oder Die Reise auf den Großen St. Bernhard (*Eliza ou Le Voyage au glaciers du Mont Saint-Bernard*) – S. 53
Enoch Arden oder Der Möwenschrei – S. 35
Die Entführung aus dem Serail – S. 89
Die Enttäuschung (*The Disappointment or The Force of Credulity*) – S. 92, 172
Ero der Schelm (*Ero s onoga svijeta*) – S. 35

Eshi – S. 54
Eva – S. **160**, 185
Der Evangelimann – S. **121**, 173
Experimentum mundi – S. 20, **91**, 102, 122, 136, 145, 153, 167

F
Fadinger oder Die Revolution der Hutmacher – S. 180
Der falsche Prinz – S. 174
Falstaff – S. 116
Fanchon oder das Leyermädel – S. 54
Der Färber und sein Zwillingsbruder – S. 163
Die Fasnacht von Rottweil – S. 153
Der Fassbinder (*The Cooper*, T. Arne) – S. 92
Der Fassbinder (F. Fränzl) – S. 92
Der Fassbinder (J.B. Schenk) – S. 93
Faust – S. 69
Die Feenkönigin (*The Fairy Queen*) – S. 103, 107, 118, 163, 174, 190
Fernando – S. 158
Das Fest der Handwerker – S. 102, 107, 141, 145
Fennimore und Gerda (*Fennimore and Gerda*) – S. 53
Die Feuersbrunst (*L'Incendie*) – S. **62**, 180
Feuersnot – S. **19**, 26, 93, 115, 137, 149
Fidelio – S. 80
Fierrabras – S. **188**
Figaro lässt sich scheiden – S. 40
Der Fliegende Holländer – S. **187**
Der fliegende Schneider – S. 30, 174
Fra Diavolo – S. 34
Frans Hals – S. 54

Die Frau ohne Schatten – S. **162**
Der Freischütz – S. **119**, 155
Der fröhliche Sünder – S. 136, **147**
Frühlingsnacht (*Vaarnat*) – S. 55

G
Die Geburt des Herrn (*Narození Páně*) – S. 137
Der Geigenbauer von Cremona (*Le Luthier de Crémone*) – S. 79, 81
Die Geigenmacher von Cremona – S. **79**
Germelshausen – S. 53
Gervaise Macquart – S. **47**, 59, 103, 136, 180
Die Geschichte von Shuzenji (*Shuzenji monogatari*) – S. 98
Gespenster – S. 53, 102
Die gestohlenen Gerüche (*The Stolen Smells*) – S. 21
Die Gezeichneten – S. 55, 127
Gianni Schicchi – S. **161**, 168
Giralda oder Die neue Psyche (*Giralda ou La Nouvelle Psyché*) – S. 34
Der Glockengießer – S. 132
Der Glockengießer von Breslau – S. 132
Der Glockenturm – S. 128, **130**
Der glückliche Heuchler (*L'ipocrita felice*) – S. 45
Der Goggolori – S. 190
Der Goldschmied von Paris – S. 69
Der Goldschmied von Toledo – S. 55, 69
Der Goldschmied von Ulm – S. 69
Der Golem – S. **146**
Götterdämmerung – S. 67, 135, 187
Goya – S. 54
Der Grabsteinmacher – S. 153

Griechische Passion (Recké pasije) – S. 40, 137
Der grüne Kakadu – S. 173
Guido und Ginevra oder Die Pest von Florenz (Guido et Ginèvra ou La Peste de Florence) – S. 153

H
Hamlet (H. Reutter) – S. 103
Hamlet (A. Thomas) – S. 103
Handwerkerliebe (L'amore artigiano) – S. 40, 102, 141, 168, 173, 180
Hanneles Himmelfahrt – S. 145, 173
Hänsel und Gretel – S. **17, 111**
Hans Heiling – S. 137, 173
Hans Sachs – S. **12, 13**, 68
Hans Sachs im vorgerückten Alter – S. 16
Harfenist und Wäschermädel – S. 59
Hassan der Schwärmer – S. **166**
Das Haus der Temperamente – S. 41, 59, 168, 174
Heinrich der Goldschmidt – S. 69
Das heiße Eisen – S. 16
Helle Nächte – S. 53, 68
Die Herberge der Armen (L'albergo die poveri) – S. 141
Die Herbergsprinzessin (De Herbergprinses) – S. 136
Herr Dandolo – S. 55
Herrn Dürers Bild oder Madonna am Wiesenzaun – S. 20, 54
Der Herzog von Alba (Il duca d'Alba) – S. **25**
Die Hexe von Passau – S. 35, 136
Der Hexenschabbas – S. 94
Hochmut kömmt vor dem Fall oder Hanns der lustige Kesselflicker – S. 118
Die Hochzeit des Figaro (Le nozze di Figaro) – S. **37**

Die Hochzeit des Jobs – S. 102
Hochzeit im Hochsommer (*The Midsummer Marriage*) – S. 128
Hoffmanns Erzählungen (*Les Contes d'Hoffmann*) – S. 55, **80**, 82, **90**, **97**
Die Höhle von Salamanca (*La caverna di Salamanca*) – S. 40
Höllenangst – S. 64, 136, 141, 158, 168
Der Holzdieb – S. 137
Der Hufschmied – S. 136
Der Hutmacher – S. 180
Hutmacher und Strumpfwirker – S. 180, 190

I
Ihre letzte Maske (*Powder Her Face*) – S. **87**
Die intrigante Modistin (*La modista raggiratrice*) – S. 180
Irrelohe – S. 35
Iwan Tarassenko – S. 137

J
Die Jagd nach dem Schlarg – S. 20, 30, 180
Jenůfa – S. **32**, 160
Die Jüdin (*La Juive*) – S. 68
Der jüngste Tag – S. 30
Die Jugend Peter des Großen – S. 107
Juha – S. 158
Julerl, die Putzmacherin – S. 180
Einen Jux will er sich machen – S. 174, 180

K
Der Kadi (*Le Caïd*) – S. 42, 180
Des Kaisers neue Kleider (*Císařovy nové šaty*) – S. 174

Das kalte Herz – S. 85, **154**
Kampl – S. 141
Kapitän Jinks (Captain Jinks of the Horse Marines) – S. 53
Der Karottenkönig (Le Roi Carotte) – S. 26
Die Kathrin – S. 40, 173
Katja Kabanowa (Káťa Kabanová) – S. 110, **126**
Kaufmann Kalašnikov (Kupec Kalašnikov) – S. 30
Das Kind und der Zauberspuk (L'Enfant et les Sortilèges) – S. 71
Klang der Arbeit – S. 153
Kleider machen Leute (J. Suder) – S. 174
Kleider machen Leute (A. v. Zemlinsky) – S. **172**
Der kleine Marat (Il piccolo Marat) – S. 107
Der kleine Schornsteinfeger (The little sweep) – S. **61**
Der Kohlenbrenner – S. 158
Das Köhlermädchen oder Das Tournier zu Linz – S. 158
Komödie auf der Brücke (Veselohra na mostě) – S. 26
Komödie der Irrungen (Gli equivoci) – S. 69
Der König (Il Rè) – S. 35
Ein König horcht (Un Re in ascolto) – S. 172
Der König und der Köhler (Král a uhlíř) – S. **157**
Die Königin von Saba (La reine de Saba) – S. **151**
Königskinder – S. **112**, 173
Der Konsul (The Consul) – S. 85
Der Korbmacher (The Basket Maker) – S. 116
Krabat – S. 35
Der Küfer von Nürnberg (Le Tonnelier de Nuremburg) – S. 93
Künstler und Handwerker – S. 102, 153
Der Kupferschläger (Kopparslagaren) – S. 118
Das kurze Leben (La vida breve) – S. 136

L

Lady Macbeth von Mzensk (*Ledi Makbet Mzenskowo ujesda*) – S. 35
Die Laterne (*Lucerna*) – S. 35
Die Launen und Einfälle Callots (*I capricci di Callot*) – S. 185
Die Lehrbuben oder Graf und Wagner – S. 109
Die Leiden des Orpheus (*Les Malheurs d'Orphée*) – S. **109**, 116, 137
Leonore 40/45 – S. **80**
Die letzten Versuchungen (*Viimeiset kiukaukset*) – S. 136
Levins Mühle – S. 35
Liebelei (*Milkování*) – S. 180
Der Liebestrank (*L'elisir d'amore*) – S. **57**, **110**
Lindane oder Die Fee und der Haarbeutelschneider – S. 173
Lodoletta – S. 54
Lohengrin – S. 19
Louise – S. 53, 116, 153, 167, **185**
Lucia di Lammermoor – S. 85
Lulu – S. 53
Der lustige Schuster (F.A. Holly) – S. 118, 136, 141, 168, 173
Der lustige Schuster (A. Schweitzer) – S. 169
Der lustige Schuster oder Der Teufel ist los Teil II (J.A. Hiller/ J.G. Standfuß) – S. 168
Der lustige Schuster oder Die verwandelten Weiber (*Poche ma buone ossia Le donne cambiate*, F. Päer) – S. 168
Die lustigen Weiber von Windsor – S. 116

M

Madame Liselotte – S. 40, 180
Madame Sans-Gêne – S. **58**, 173

Das Mädchen von Madame Angot (*La Fille de Madame Angot*) – S. 40
Maddalena – S. 55
Das Mädl aus der Vorstadt – S. 180, 186
Die Mainacht (*Majskaja noč'*) – S. 158
Der Maler als Marquis – S. 53
Der Maler Veri – S. 54
Manon Lescaut – S. 41
Der Mantel (*Il tabarro*, G. Puccini) – S. 161
Der Mantel (*Šinel'*, A.N. Cholminov) – S. 173
Das Märchen vom Zaren Saltan (*Skazka o care Saltane*) – S. **18**, 190
Maria Tudor – S. 68
Marie Victoire – S. **178**, 186
Marienspiele (*Hry o Marii*) – S. 137
Marina – S. 107
Marino Faliero – S. 153
Maruf, der Schuster von Kairo (*Mârouf, savetier du Caire*) – S. 21, **165**
Maschinist Hopkins – S. **127**
Ein Maskenball (*Un ballo in maschera*) – S. 43
Maskerade (*Maskarade*) – S. 43
Mathis der Maler – S. 54
Der Maurer (*Le Maçon*) – S. 145
Maurer und Schlosser (*Le Maçon*) – S. **140**, 145
Meister Guido – S. 54, 153
Meister Jíra (*Mistr Jíra*) – S. 103, 186
Der Meister Manole (*Maşterul Manole*) – S. 145
Meister Martin der Küfer und seine Gesellen – S. 69, **90**, 132
Meister Pedros Puppenspiel (*El retablo de maese Pedro*) – S. 98

OPERN-REGISTER

Die Meistersinger von Nürnberg – S. 11, **13**, 21, 27, 42, 49, 69, 115, 118, 122, 123, 132, 163, 164, 175, 191
Melusine – S. **143**
Mireille – S. **116**
Momo und die Zeitdiebe – S. 40
Mondnacht – S. 53
Die Mühle im Wisperthal – S. 35, 92
Müller, Kohlenbrenner und Sesselträger oder Die Träume von Schale und Kern – S. 35, 158
Die Müllerin (*La molinara*) – S. 35
Die Müllerin in Marly (*Mel'ničicha v Marli*) – S. 35
Murillo – S. 54

N

Nabucco – S. 151
Die Nacht vor Weihnachten – S. 137
Die Nachtschwalbe – S. 185
Die Nachtwandlerin (*La sonnambula*) – S. 34
Die Näherin – S. 186
Der närrische Schuster – S. 168
Die Nase (*Nos*) – S. 41
Der Nordstern (*L'Étoile du Nord*) – S. 20, 103, **105**
Der Notar von Flandern oder Die Bierbrauer von Gent (*Rejent z Flandrii czyli Piwowar z Gandawy*) – S. 26
Die Nürnberger Puppe (*La Poupée de Nuremberg*) – S. **96**

O

Die Opernprobe – S. 12
Orontea (*L'Orontea*) – S. 53
Orphée – S. 85

Orpheus (*L'Orfeo*) – S. 109
Osud (*Schicksal*) – S. 54

P
Die Pantöffelchen (*Čerevički*) – S. **135**
Der Pariser Maler (*Il pittore parigino*) – S. 53
Parsifal – S. 129
Peer Gynt – S. 136
Peter der Erste (*Pjotr I*) – S. 55, 59, 107
Peter der Große (*Pierre le Grand*) – S. 104
Peter der Große oder Der Tischler von Livland (*Il falegname di Livonia o Pietro il Grande, Czar della Russia*) – S. **101**
Eine Petition der Bürger einer kleinen Residenzstadt oder Theolog, Jurist und Techniker – S. 88
Der Pfarrer von Reigi (*Reigi õpetaja*) – S. 21
Die pfiffige Magd – S. 42, 175
Philemon und Baucis – S. 94
Pinocchio (M. Tutino) – S. 95, 98
Pinocchio (P. Valtinoni) – S. 95, 98
Pinocchios Abenteuer (*The Adventures of Pinocchio*, J. Dove) – S. 95, 98, 145
Pinocchios Abenteuer (*The Adventures of Pinocchio*, L. Navok) – S. 95, 98
Pinocchios Abenteuer (K. Schwaen) – S. 95, 98
Und Pippa tanzt! (P. Richter de Rangenier) – S. 55, **84**
Und Pippa tanzt! (W. Schartner) – S. 84
Das Plätzchen (*Il campiello*) – S. 21
Der politische Schuster – S. 169
Porgy und Bess (*Porgy and Bess*) – S. **99**

Der Postillon von Lonjumeau (*Le Postillon de Lonjumeau*) – S. 136
Prinzessin Brambilla – S. 185
Der Prophet (*Le prophète*) – S. 86
Der Prozess (*Il processo*, A. Colla) – S. 59
Der Prozess (G. v. Einem) – S. 53
Der Prüfstein (*La pietra del paragone*) – S. 55

Q
Quintin Messis der Schmied von Antwerpen – S. 53, 136

R
Rappelkopf – S. 54
Der Rattenfänger – S. 20
Der Rattenfänger von Hameln – S. 137
Der Rauchfangkehrer – S. 65
Die Regenbrüder – S. 35
Regina – S. 12
Rembrandt van Rijn – S. 54
Das Rendezvous des Barbiers (*Rendezvous fryzjera*) – S. 40
Das Rheingold – S. **66**, **144**
Der Riese vom Steinfeld – S. 102, 173
Der Ring des Nibelungen – S. **66**, 110, **133**, 135, 154
Der Roland von Berlin (*Il Rolando*) – S. 40
Romolo und Ersilia (*Romolo ed Ersilia*) – S. 44
Rosamunde – S. 21
Der Rose Pilgerfahrt – S. 35, 103
Der Rosenkavalier – S. **37**, 180
Die rote Linie (*Punainen viiva*) – S. 168
Der rote Stiefel – S. 158

Ruh und Frieden (*A Quiet Place*) – S. **100**
Rumor – S. 30

S
Die Sache Makropulos (*Věc Makropulos*) – S. **125**
Salvator Rosa – S. 53
Sámson – S. 35
Der Sänger und der Schneider – S. 175
Sappho (*Sapho*, C. Gounod) – S. 152
Sappho (*Sapho*, J. Massenet) – S. **152**
Satyagraha – S. 48
Der Scherenschleifer – S. 122
Der Schlosser (*Le serrurier*, J. Kohaut) – S. 141
Der Schlosser (J. Mederitsch) – S. 141
Der Schmied als Maler (*Il fabbro pittore*) – S. 137
Der Schmied aus der Prager Vorstadt
  (*Kowal z przedmieścia Pragi*) – S. 136
Der Schmied aus Lešetín (*Lešetínský kovář*, S. Suda) – S. 137
Der Schmied aus Lešetín (*Lešetínský kovář*, K. Weis) – S. 137
Schmied Kova (*Kuznec Kova*) – S. 136
Der Schmied von Gent – S. **121**
Der Schmied von Marienburg – S. 122
Der Schmied von Ruhla – S. 137
Der Schmied Wakula (*Kuznec Vakula*, N.J. Afanassjew) – S. 136
Der Schmied Wakula (*Kuznec Vakula*, A.N. Serov) – S. 137
Der Schmied Wakula (*Kuznec Vakula*, N.F. Solowjow) – S. 137
Die Schmiedin von Kent – S. 136
Die Schmiedstochter von Nürnberg – S. 136
Der Schmuck der Madonna (*I gioielli della Madonna*) – S. 137
Schneewittchen (H. Holliger) – S. 82
Schneewittchen (M.F. Lange) – S. 82, 102, 137

OPERN-REGISTER

Der Schneider als Naturdichter – S. 174
Schneider, Schlosser und Tischler – S. 103, 141, 174
Der Schneider und der Sänger – S. 173
Die Schneider von Schönau – S. 74, **171**
Der Schneider von Ulm oder Der König der Lüfte – S. 137, 174
Schneider Wibbel – S. 49, 93, **170**
Das schöne Mädchen von Perth (*La jolie fille de Perth*) – S. 122, 163
Die schöne Müllerin – S. 35
Die schöne Schusterin (F. Gumbert) – S. 168
Die schöne Schusterin oder Die puecefarbenen Schuhe (I. Umlauf) – S. 169
An der schönen blauen Donau – S. 128
Der Schornsteinfeger (*Lo spazzacamino*) – S. **63**
Der Schreiner – S. 103, 141
Der Schuhmacher und seine Frau (*Skomakaren och hans fru*) – S. 167
Der Schuhu und die fliegende Prinzessin – S. 175
Schuld und Sühne (*Bűn és bűnhődés*) – S. 55
Der Schuster – S. 167
Schuster Flink – S. 168
Der Schuster von Castlebury (*The Cobbler of Castlebury*) – S. 169
Der Schuster von Delft (*Postola rod Delfta*) – S. 167
Der Schuster von Sievring – S. 169
Die Schwalbe (*La rondine*) – S. 55, 174
Der schwarze See oder Der Blasebalgmacher und der Geist – S. 163
Schwarzer Peter – S. 21, **113**, 137, 168, 174
Die Schwätzer (*Les Bavards*) – S. 41, 174
Die schweigsame Frau – S. **38**
Schwester Angelica (*Suor Angelica*) – S. 161

Die Schwestern von Prag – S. 174
Shambhala – S. 128
Siegfried – S. 67, **133**
Das Silberglöckchen (*Le Timbre d'argent*) – S. 55
Der Silberschuh (*Il calzare d'argento*) – S. 20, 153, 168
Silvana – S. **155**
Simon Boccanegra – S. **189**
Ein Sommernachtstraum (*A Midsummer Night's Dream*) –
  S. 102, 107, **118**, 163, 173, 190
Der spanische Barbier (*The Spanish Barber*) – S. 39
Die spanische Stunde (*L'Heure espagnole*) – S. **72**
Stern über Amsterdam (*Star over Amsterdam*) – S. 49
Der Streik der Schmiede – S. 136
Der Sturm auf die Mühle (*Útok na mlýn*) – S. 35
Sturmnacht – S. 55

T
Taddädl, der dreyssigjährige ABC Schütz – S. 180
Tai Yang erwacht – S. 128
Der Talisman oder die Schicksalsperücken – S. 23, 41
Tannhäuser und der Sängerkrieg auf Wartburg – S. 22
Das tapfere Schneiderlein – S. 174
Das Testament – S. 35, 102, 173
Der Teufel holt sie! (*The Devil Take Her!*) – S. 64
Der Teufel und der Schneider – S. 173
Tiefland – S. **32**
Till Eulenspiegel (*Til' Ulenšpigel'*) – S. 156, 158
Titus Feuerfuchs – S. **23**, 42
Die Tochter des Barbiers (*Bārddziņa meita*) – S. 40
Die Tochter des Figaro (*La Fille de Figaro*) – S. 40
Tod eines Bankers – S. 102

OPERN-REGISTER

Tod in Venedig (*Death in Venice*) – S. 39, 85
Die tödlichen Wünsche – S. 136
Der Töpfer (*The Potter*) – S. 149
Tosca – S. **50**, 58, 129
Die tote Stadt – S. 127
Aus einem Totenhaus (*Z mrtvého domu*) – S. 136
Der Traumgörge – S. 35, 175
Ein Traumspiel (*Ett drömspel*, I. Lidholm) – S. 85
Ein Traumspiel (A. Reimann) – S. 85
La Traviata – S. 76, 89, **177**
Die treuen Kohlbrenner – S. 158
Die treuen Köhler – S. 158
Das Triptychon (*Il trittico*) – S. 161
Der Troll – S. **76**, 88
Trouble in Tahiti – S. 101
Der Tuchmacher (*Le drapier*) – S. 190
Türmers Töchterlein – S. 69

U

Der Uhrmacher von Straßburg – S. 74
Uldarich und Bozena (*Oldřich a Božena*) – S. 59
Ulenspiegel – S. 20, 102, 107, 136, **156**, 167, 173
Undine – S. 12
Die unruhige Nachbarschaft – S. 41, **48**, 81, 103, 141, 168
Die unschuldig verdächtigte Ehefrau (*L'Épouse injustement supçonnée*) – S. 128
Unter dem Milchwald (*Under Milk Wood*) – S. 30, 41
Unterhaltung beim Tango oder Die Ameise (*Colloquio col Tango ossìa La Formica*) – S. 77
Die unverhoffte Begegnung (*La rencontre imprévue*) – S. 53

V

Das Verdikt (*Rozsudok*) – S. 167
Veritas – S. 59
Der vermeintliche Ritter (*Le Chevalier imaginaire*) – S. 40
Der verrückte Jourdain – S. 173
Die versunkene Glocke (*La campana sommersa*, O. Respighi) – S. 41, **129**, **130**
Die versunkene Glocke (H. Zöllner) – S. 132
Die Verurteilung des Lukullus – S. 20
Das verzauberte Ich – S. 53
Vincent (R. Kunad) – S. 54
Vincent (E. Rautavaara) – S. 55
Violanta – S. 54
Viva la Mamma! (*Le convenienze ed inconvenienze teatrali*) – S. **44**, **45**
Il Voto – S. 40

W

Der Waffenschmied (F. Kauer) – S. 122
Der Waffenschmied (A. Lortzing) – S. 12, **120**
Ein Wahnsinn (*Une Folie*) – S. 54
Wakula der Schmied (*Kuznec Vakula*, P.I. Tschaikowski) – S. 55, **135**
Das Waldmädchen – S. 155
Die Walküre – S. 67, 133
Die Wäscherinnen (*Le lavanderine*) – S. 60
Die Wäschermädeln – S. 60
Westlich des Washington Square (*West of Washington Square*) – S. 54

Der Widerspenstigen Zähmung (*The Taming of the Shrew*, V. Giannini) – S. 173
Der Widerspenstigen Zähmung (H. Goetz) – S. 173
Die Wiedertäufer (*Behold the Sun*) – S. 136
Wieland der Schmied (*Kováč Wieland*, J.L. Bella) – S. 136
Wieland der Schmied (Ö. Mihalovich) – S. 137
Wieland der Schmied (M. Zenger) – S. 137
Der Wiener Schuster in Damask – S. 168
Der Wiener Schusterbub – S. 167
Wieso verschwindet Mozart auf der Reise nach Prag? – S. 103
Der Wildschütz – S. 12
Wir machen eine Oper (*Let's Make an Opera*) – S. 61
Wirrwarr in Ephesos (*Pozdvižení v Efesu*) – S. 68
Wozzeck (A. Berg) – S. 42
Wozzeck (M. Gurlitt) – S. 42
Die wundersame Schusterfrau – S. 169
Der Wunderschrank (*A büvös szekrény*) – S. 102

Z

Zacharija der Maler (*Zografāt Zachari*) – S. 53
Zar und Zimmermann – S. 12, **104**
Der Zar Peter (*The Czar Peter*) – S. 107
Die Zauberflöte – S. 94, 129, **142**
Der Zaubermantel – S. 190
Der zerbrochene Krug – S. 88
Der Zerrissene (A. Müller sen.) – S. **138**
Der Zerrissene (G. v. Einem) – S. 138
Der Zimmermann von Livland (*Il falegname di Livonia*) – S. 107
Zwerg Nase – S. 40

Personen-Register

A

Adam, Adolphe (1803–1856) – S. 26, 34, 96, 104, 136
Adès, Thomas (*1971) – S. 87
Afanassjew, Nikolai Jakowlewitsch (1821–1898) – S. 136
d'Albert, Eugen (1864–1932) – S. 32, 146
Alighieri, Dante (1265–1321) – S. 161
Álvarez de Toledo, Fernando, Herzog von Alba (1507–1582) – S. 25, 156
Amati, Andrea (um 1505–1577) – S. 78
Amati, Nicola (1596–1684) – S. 78
Andersen, Hans Christian (1805–1875) – S. 154
André, Johann (1741–1799) – S. 39, 149
Angely, Louis (1787–1835) – S. 102, 107, 141, 145
Arne, Thomas (1710–1778) – S. 92
Arnold, Samuel (1740–1802) – S. 39, 116
Arrieta, Emilio (1823–1894) – S. 107
Asenjo Barbieri, Francisco de Asis (1823–1894) – S. 39, 185
Astarita, Gennaro (1749–1803) – S. 39
Auber, Daniel-François-Esprit (1782–1871) – S. 34, 53, 140, 145, 179
Auer, Christian (*1958) – S. 122
Auermann, Nadja (*1971) – S. 75
Aumann, Franz (1728–1797) – S. 167

B

Balassanjan, Sergei Artemjewitsch (1902–1982) – S. 136
de Banfield, Raffaello (1922–2008) – S. 77

Personen-Register

Bärenz, Martin (*1956) – S. 95
Barton, Andrew (1745–1828) – S. 92, 172
Battistelli, Giorgio (*1953) – S. 20, 91, 92, 102, 122, 136, 145, 153, 167
Beer, Max Joseph (1851–1908) – S. 136
Beeson, Jack (1921–2010) – S. 53
van Beethoven, Ludwig (1770–1827) – S. 80
Bella, Ján Levoslav (1843–1936) – S. 136
Bellini, Vincenzo (1801–1835) – S. 34, 53
Benda, Friedrich Ludwig (1752–1792) – S. 39
Benjamin, Arthur (1883–1960) – S. 64
Berg, Alban (1885–1935) – S. 42, 53, 84
Berheide, Hauke (*1980) – S. 76, 88
Berio, Luciano (1925–2003) – S. 172
Berlioz, Hector (1803–1869) – S. 68, 131
Bernstein, Leonard (1918–1990) – S. 100, 101
Bersa, Blagoje (1873–1934) – S. 167
Bertin, Rose/Bertin, Marie-Jeanne (1747–1813) – S. 178
Bibalo, Antonio (1922–2008) – S. 53, 102
Binder, Carl (1816–1860) – S. 20, 30, 53, 59, 102, 141, 153, 167, 173
Bittner, Julius (1874–1939) – S. 53
Bizet, Georges (1838–1875) – S. 29, 122, 163
Blacher, Boris (1903–1975) – S. 185
Blockx, Jan (1851–1912) – S. 136
Boccanegra, Simone (vor 1339–1363) – S. 189, 190
Böhm, Max (1889–1965) – S. 132
Brand, Max (1896–1980) – S. 87, 127
Brandts-Buys, Jan (1868–1933) – S. 74, 171
Brattaberg, Rúni (*1966) – S. 76

Braunfels, Walter (1882–1954) – S. 20, 102, 107, 136, 156, 167, 173, 185
Brehme, Hans (1904–1957) – S. 74
Bresgen, Cesar (1913–1988) – S. 35
Britten, Benjamin (1913–1976) – S. 27, 39, 61, 85, 102, 107, 118, 163, 173, 190
Brzowski, Józef (1805–1888) – S. 26
Büchner, Georg (1813–1837) – S. 42
Busoni, Ferruccio (1866–1924) – S. 52, 68, 173

C

Caccini, Giulio (1551–1618) – S. 109
Callas, Maria (1923–1977) – S. 161
Campbell, Margaret, Herzogin von Argyll (1912–1993) – S. 88
Castaldi, Alfonso (1874–1942) – S. 145
Cellini, Benvenuto (1500–1571) – S. 68, 69, 131, 132
Cerha, Friedrich (*1926) – S. 20, 102, 173
Cesti, Antonio (1623–1669) – S. 53
Chanel, Coco (1883–1971) – S. 177
Charpentier, Gustave (1860–1956) – S. 53, 116, 153, 167, 185
Cherubini, Luigi (1760–1842) – S. 53
Chin, Unsuk (*1961) – S. 179
Cholminov, Aleksandr Nikolaevi (*1925) – S. 173
Cikker, Ján (1911–1989) – S. 167
Cimarosa, Domenico (1749–1801) – S. 53
Colla, Alberto (*1968) – S. 59
Collodi, Carlo (1826–1890) – S. 95
Conti, Francesco Bartolomeo (1681–1732) – S. 40
Coppée, François (1842–1908) – S. 79

Cornelius, Peter (1824–1874) – S. 39
de Coster, Charles (1827–1879) – S. 156

D

Dammas, Karl Hellmuth (1816–1885) – S. 31
Dannström, Isidor (1812–1897) – S. 167
Daudet, Alphonse (1840–1897) – S. 152
Deinhardstein, Johann Ludwig (1794–1859) – S. 13
Delibes, Léo (1836–1891) – S. 96
Delius, Frederick (1862–1934) – S. 53
Dessau, Paul (1894–1979) – S. 20
Destouches, Franz Seraph (1772–1844) – S. 173
Dickens, Charles (1812–1870) – S. 62
Dieck, Oliver-Frederic (*1964) – S. 59
Ditters von Dittersdorf, Carl (1739–1799) – S. 40
Donizetti, Gaetano (1797–1848) – S. 25, 40, 44, 57, 85, 101, 106, 110, 153, 180
Dove, Jonathan (*1959) – S. 95, 98, 145
von Drieberg, Friedrich Johann (1780–1856) – S. 173
Dumas, Alexandre/der Jüngere (1824–1895) – S. 177
Duniecki, Stanislaw (1836–1870) – S. 136
Duplessis, Marie/Duplessis, Alphonsine (1824–1847) – S. 177
Dvořák, Antonín (1841–1904) – S. 157

E

Eder, Helmut (1916–2005) – S. 136
Eggert, Moritz (*1965) – S. 30, 53, 68
Egk, Werner (1901–1983) – S. 136
von Egmond, Lamoral (1522–1568) – S. 25, 26

von Einem, Gottfried (1918–1996) – S. 53, 138
Elisabeth II. (*1926) – S. 46

F
Fagerlund, Sebastian (*1972) – S. 20
de Falla, Manuel (1876–1946) – S. 98, 136
Farkas, Ferenc (1905–2000) – S. 102
Faust, Isabelle (*1972) – S. 78
Fénelon, Philippe (*1952) – S. 40
Ferrari, Lolo (1963–2000) – S. 130
Feuerstein, Herbert (*1937) – S. 95
von Flotow, Friedrich (1812–1883) – S. 104
Foerster, Josef Bohuslav (1859–1951) – S. 160, 185
Forest, Jean Kurt (1909–1975) – S. 128
Formes, Karl (1810–1889) – S. 89
Fouché, Joseph (1759–1820) – S. 58
Franklin, Aretha (*1942) – S. 24
Fränzl, Ferdinand (1767–1833) – S. 92
Freudenberg, Wilhelm (1838–1928) – S. 35, 92
Friedrich August III. (1865–1932) – S. 22

G
Gassmann, Florian Leopold (1729–1774) – S. 40, 102, 141, 168, 173, 180
Geißler, Fritz (1921–1984) – S. 173
Gershwin, George (1898–1937) – S. 99
Gerster, Ottmar (1897–1969) – S. 35, 40, 53, 136, 147, 180
Ghedini, Giorgio Federico (1892–1965) – S. 45
Giannini, Vittorio (1903–1966) – S. 173
Giordano, Umberto (1867–1948) – S. 35, 40, 58, 173

Personen-Register

Gläser, Franz (1798–1861) – S. 168
Glass, Philip (*1937) – S. 48, 85
Gluck, Christoph Willibald (1714–1787) – S. 53, 163
Goehr, Alexander (*1932) – S. 136, 173
Goepfart, Karl (1859–1942) – S. 53, 136
von Goethe, Johann Wolfgang (1749–1832) – S. 143
Goetz, Hermann (1840–1876) – S. 173
Gogol, Nikolai Wassiljewitsch (1809–1852) – S. 135
Goldschmidt, Berthold (1903–1996) – S. 107
Goleminov, Marin (1908–2000) – S. 53
Gomes, Antônio Carlos (1836–1896) – S. 53, 68
Gorączkiewicz, Wincenty (1789–1858) – S. 40
Gossec, François-Joseph (1734–1829) – S. 92
Gotovac, Jakov (1895–1982) – S. 35
Gounod, Charles (1818–1893) – S. 116, 151, 152
Graener, Paul (1872–1944) – S. 145, 173
Grétry, André-Ernest-Modeste (1741–1813) – S. 40, 104
Grimm, Hans (1886–1965) – S. 53
Grimm, Jacob und Wilhelm (1785–1863 bzw. 1786–1859) – S. 17, 82
Grīnblats, Romualds (1930–1995) – S. 40
Grönemeyer, Herbert (*1956) – S. 133
Gumbert, Ferdinand (1818–1896) – S. 168
Gurlitt, Manfred (1890–1972) – S. 42
Gustav III. von Schweden (1746–1792) – S. 43
Gutkaes, Johann Christian Friedrich sen. (1785–1845) – S. 70
Gyrowetz, Adalbert (1763–1850) – S. 16

H

Haas, Joseph (1879–1960) – S. 102
Halévy, Jacques Fromental (1799–1862) – S. 68, 153, 190
Hanell, Robert (1925–2009) – S. 53
Hanslick, Eduard (1825–1904) – S. 123
Hässy, Günter (1944–2007) – S. 40
Hataš, Jindřich Krištof (1739–nach 1808) – S. 40
Hauff, Wilhelm (1802–1827) – S. 154
Hauptmann, Gerhart (1862–1946) – S. 84, 129
Haydn, Joseph (1732–1809) – S. 62, 94, 180
Hebenstreit, Michael (um 1812–um 1850) – S. 64, 136, 141, 158, 168
Henderson, Alva (1940) – S. 54
Henneberg, Johann Baptist (1768–1822) – S. 122
Hensel, Luise (1798–1876) – S. 31
Hensel, Wilhelm (1794–1861) – S. 52
Hiller, Johann Adam (1728–1804) – S. 168
Hiller, Wilfried (*1941) – S. 20, 30, 95, 180, 190
Himmel, Friedrich Heinrich (1765–1814) – S. 54
Hindemith, Paul (1895–1963) – S. 54, 68
Hinkelbein, Susanne (*1953) – S. 153
Hoffmann, Ernst Theodor Amadeus (1776–1822) – S. 52, 55, 68, 82, 90, 95, 96
von Hofmannsthal, Hugo (1874–1929) – S. 44, 108, 162
Holliger, Heinz (*1939) – S. 82
Holly, Franz Andreas (1747–1783) – S. 118, 136, 141, 168, 173
Homoki, Andreas (*1960) – S. 56
Hubay, Jenő (1858–1937) – S. 79, 81
Hübscher, Catherine / Lefèbvre, Catherine (1753–1835) – S. 58

Hullah, John Pyke (1812–1884) – S. 40
Hummel, Franz (*1939) – S. 128
Humperdinck, Engelbert (1854–1921) – S. 17, 111, 112, 173

J

Jacob, Maxime (1906–1977) – S. 168
Janáček, Leoš (1854–1928) – S. 32, 54, 68, 110, 125, 126, 136, 160
Jeritza, Maria (1887–1982) – S. 108
Joop, Wolfgang (*1944) – S. 75
Jost, Christian (*1963) – S. 30
Jung, Manfred (*1940) – S. 87

K

Kalenberg, Josef (1886–1962) – S. 87
Kalomiris, Manolis (1883–1962) – S. 145
Kanne, Friedrich August (1778–1833) – S. 173
Karel, Rudolf (1880–1945) – S. 158
Karetnikow, Nikolai (1930–1994) – S. 156, 158
Karl I., der Große (747 o. 748–814) – S. 188, 189
von Kaskel, Karl (1866–1943) – S. 136
Katharina I. (1684–1727) – S. 102
Kauer, Ferdinand (1751–1831) – S. 54, 122, 136
Kempff, Wilhelm (1895–1991) – S. 153
Kerkeling, Hape (*1964) – S. 31
Kersting, Andreas (*1976) – S. 102
van Kesteren, John (1921–2008) – S. 87
Kienzl, Wilhelm (1857–1941) – S. 35, 102, 121, 166, 173
Klebe, Giselher (1925–2009) – S. 30, 40, 47, 59, 103, 136, 180
von Klenau, Paul (1883–1946) – S. 54

Klerr, Johann Baptist (1830–1875) – S. 35
Knecht, Justin Heinrich (1752–1817) – S. 158
Koetsier, Jan (1911–2006) – S. 54
Kohaut, Josef (1738–1777) – S. 92, 141
Kokkonen, Joonas (1921–1996) – S. 136
Korngold, Erich Wolfgang (1897–1957) – S. 40, 54, 127, 173
Krejčí, Iša (1904–1968) – S. 68
Krenek, Ernst (1900–1991) – S. 128, 130
Kreutzer, Conradin (1780–1849) – S. 40, 54
Kuhn, Paul (1928–2013) – S. 23
Kunad, Rainer (1936–1995) – S. 54

L

Lacher, Joseph (1739–1798) – S. 118
Lachner, Franz (1803–1890) – S. 132
Lachner, Ignaz (1807–1895) – S. 35
Lacombe, Louis (1818–1884) – S. 93
Lang, Fritz (1890–1976) – S. 127
Lange, Marius Felix (*1968) – S. 82, 103, 137
Langer, Ferdinand (1839–1905) – S. 54
Lattuada, Felice (1882–1962) – S. 40
Lazzari, Sylvio (1857–1944) – S. 59
Lebrun, Louis–Sébastien (1764–1829) – S. 145
Lecocq, Charles (1832–1918) – S. 40
Lefèbvre, François–Joseph (1755–1820) – S. 58
Leitner, Ernst Ludwig (*1943) – S. 180
Leoncavallo, Ruggero (1857–1919) – S. 40, 54, 59, 184
Leroux, Xavier (1863–1919) – S. 40
Liberda, Bruno (*1953) – S. 103, 128
von Lichtenstein, Karl August (1767–1845) – S. 104

Lidholm, Ingvar (*1921) – S. 85
Liebermann, Rolf (1910–1999) – S. 80
Liszt, Franz (1811–1886) – S. 177
Loren, Sophia (*1934) – S. 58
Loriot/von Bülow, Vicco (1923–2011) – S. 36, 143
Lortzing, Albert (1801–1851) – S. 12, 13, 68, 104, 120
Lothar, Mark (1902–1985) – S. 40, 49, 54, 93, 170
Louvet, Lucille (1825–1848) – S. 183
Löw, Judah (zw. 1512 u. 1525–1609) – S. 146, 147
Lübcke, Adolph (1795–1838) – S. 132
van Lunen, Camille (*1957) – S. 49
Luther, Martin (1483–1546) – S. 12
Lux, Friedrich (1820–1895) – S. 137

M
Malipiero, Gian Francesco (1882–1973) – S. 185
Mangold, Carl Amand (1813–1889) – S. 158
Marie Antoinette (1755–1793) – S. 178
Marschner, Heinrich (1795–1861) – S. 31, 69, 137, 173
Martinů, Bohuslav (1890–1959) – S. 26, 40, 137
Marton, Éva (*1943) – S. 34
Mascagni, Pietro (1863–1945) – S. 54, 107, 129
Massenet, Jules (1842–1912) – S. 152
Mathieu, Mireille (*1946) – S. 116
Matthias, Kaiser des Heiligen Römischen Reiches (1557–1619) – S. 157, 158
Matthus, Siegfried (*1934) – S. 40
Maximilian I. Joseph (1756–1825) – S. 22
Maximilian I., Kaiser des Heiligen Römischen Reiches (1459–1519) – S. 13

Mederitsch, Johann (1752–1835) – S. 141
Méhul, Étienne-Nicolas (1763–1817) – S. 54
Meier, Jost (*1939) – S. 137
Menotti, Gian Carlo (1911–2007) – S. 54, 85
Merikanto, Aarre (1893–1958) – S. 158
Merkel, Angela (*1954) – S. 75
Meyerbeer, Giacomo (1791–1864) – S. 20, 86, 103, 105
Mihalovich, Ödön (1842–1929) – S. 137
Milhaud, Darius (1892–1974) – S. 109, 116, 137
Millöcker, Carl (1842–1899) – S. 54, 109, 168, 186
Mohaupt, Richard (1904–1957) – S. 173
Monsigny, Pierre-Alexandre (1729–1817) – S. 163
Monteverdi, Claudio (1567–1643) – S. 109
Moog, Robert (1934–2005) – S. 87
Moór, Emánuel (1863–1931) – S. 69
Moratelli, Sebastiano (1640–1706) – S. 137
Morlacchi, Francesco (1784–1841) – S. 41
Mozart, Leopold (1719–1787) – S. 142
Mozart, Wolfgang Amadeus (1756–1791) – S. 37, 72, 89, 90, 94, 129, 142
Mraczek, Josef (1878–1944) – S. 20, 54
Müller junior, Adolf (1839–1901) – S. 69
Müller senior, Adolf (1801–1886) – S. 23, 30, 35, 41, 54, 59, 103, 138, 158, 163, 168, 174, 180, 186, 190
Müller, Wenzel (1767–1835) – S. 41, 48, 81, 83, 103, 141, 163, 168, 174, 180
Müller, Wilhelm (1794–1827) – S. 31
Müller-Schlösser, Hans (1884–1956) – S. 170
Murger, Henri (1822–1861) – S. 183
Mussorgski, Modest (1839–1881) – S. 129

N

Napoleon Bonaparte (1769–1821) – S. 58, 59, 170, 171, 179
Navok, Lior (*1971) – S. 95, 98
Nessler, Victor Ernst (1841–1890) – S. 137
Nestroy, Johann (1801–1862) – S. 23, 138
Netrebko, Anna (*1971) – S. 56
Neuenfels, Hans (*1941) – S. 56, 129
Neumann, František (1874–1929) – S. 180
Neuwirth, Olga (*1968) – S. 87
Nicolai, Otto (1810–1849) – S. 116
Nidecki, Tomasz Napoleon (1807–1852) – S. 103, 141, 174
Nielsen, Carl (1865–1931) – S. 43, 44
Nishimura, Akira (*1953) – S. 54
Noetzel, Hermann (1880–1952) – S. 54, 153
Novák, Vítězslav (1870–1949) – S. 35

O

von Oberleithner, Max (1868–1935) – S. 137, 153, 168
Offenbach, Jacques (1819–1880) – S. 26, 41, 55, 69, 80, 82, 90, 97, 109, 174
Ostendorf, Jens-Peter (1944–2006) – S. 174

P

Pacini, Giovanni (1796–1867) – S. 107
Päer, Ferdinando (1771–1839) – S. 168
Paisiello, Giovanni (1740–1816) – S. 35, 41, 180
von Pászthory, Casimir (1886–1966) – S. 59, 114
Pedrotti, Carlo (1817–1893) – S. 41
Peri, Jacopo (1561–1633) – S. 109
Peter I., der Große (1672–1725) – S. 102, 104
Petrovics, Emil (1930–2011) – S. 55

Petrow, Andrei Pawlowitsch (1930–2006) – S. 55, 59, 107
Philidor, François-André Danican (1726–1795) – S. 92, 168
Piccinni, Niccolò (1728–1800) – S. 41
Pick, Gustav (1832–1921) – S. 108
Pizzetti, Ildebrando (1880–1968) – S. 20, 153, 168
Portugal, Marcos António (1762–1830) – S. 63
Preissová, Gabriela (1862–1946) – S. 160
Pressel, Gustav (1827–1890) – S. 30, 137, 174
Prokofjew, Sergei Sergejewitsch (1891–1953) – S. 55
Puccini, Giacomo (1858–1924) – S. 41, 50, 55, 56, 129, 161, 165, 168, 174, 182, 184
Purcell, Henry (1659–1695) – S. 103, 107, 118, 163, 174, 190

R

Rabaud, Henri (1873–1949) – S. 21, 165
Rakete, Jim (*1951) – S. 75
Rautavaara, Einojuhani (*1928) – S. 55
Ravel, Maurice (1875–1937) – S. 71, 72
Reimann, Aribert (*1936) – S. 85, 143
Respighi, Ottorino (1879–1936) – S. 41, 130, 178, 179, 186
Reutter, Hermann (1900–1985) – S. 103
Rheinberger, Josef Gabriel (1839–1901) – S. 69
Ricci, Luigi (1805–1859) – S. 26, 145, 168
Richter de Rangenier, Peter (*1930) – S. 55, 84
Rieger, Gottfried (1764–1855) – S. 168
Rimski-Korsakow, Nikolai Andrejewitsch (1844–1908) – S. 18, 41, 135, 137, 158, 190
Rival, André (*1967) – S. 75
Rosa, Salvator (1615–1673) – S. 53
Rossini, Gioachino (1792–1868) – S. 36, 55, 63

Rota, Nino (1911–1979) – S. 69
Rubinstein, Anton Grigorjewitsch (1829–1894) – S. 30
Rudolf II, Kaiser des Heiligen Römischen Reiches (1552–1612) – S. 125, 146

S

Sachs, Hans (1494–1576) – S. 3, 11–17, 68, 115, 143, 156, 164
Saint-Saëns, Camille (1835–1921) – S. 55, 69
Salieri, Antonio (1750–1825) – S. 41, 65
Sallinen, Aulis (*1935) – S. 168
Salmhofer, Franz (1900–1975) – S. 137
Sappho (zw. 630 u. 612 v. Chr. – um 570 v. Chr.) – S. 152, 153
Sardou, Victorien (1831–1908) – S. 58
Sári, József (*1935) – S. 180
Schartner, Walter (1894–1970) – S. 84
Schenk, Johann Baptist (1753–1836) – S. 41, 93, 174
Schjelderup, Gerhard (1859–1933) – S. 55
Schlingensief, Christoph (1960–2010) – S. 27
Schönberg, Arnold (1874–1951) – S. 84
Schöneberger, Barbara (*1974) – S. 75
Schostakowitsch, Dmitri Dmitrijewitsch (1906–1975) – S. 35, 41
Schreker, Franz (1878–1934) – S. 35, 55, 121, 127
Schricker, August (1838–1912) – S. 35, 90, 190
Schubaur, Johann Lukas (1749–1815) – S. 158
Schubert, Franz (1797–1828) – S. 31, 158, 188
Schultz, Wolfgang-Andreas (*1948) – S. 55
Schultze, Norbert (1911–2002) – S. 21, 85, 113, 137, 154, 168, 174

Schumann, Robert (1810–1856) – S. 35, 103
Schwaen, Kurt (1909–2007) – S. 95, 98
Schwarzer, Alice (*1942) – S. 113
Schweitzer, Anton (1735–1787) – S. 21, 169
Seidel, Friedrich Ludwig (1765–1831) – S. 41
Serov, Aleksandr Nikolaevič (1820–1871) – S. 35, 137
Shakespeare, William (1564–1616) – S. 17, 117
Shield, William (1748–1829) – S. 107, 169
Shimizu, Osamu (1911–1986) – S. 98
Siegel, Rudolf (1878–1948) – S. 55
Silja, Anja (*1940) – S. 34
Sinisalo, Johanna (*1958) – S. 76
Škroup, František (1801–1862) – S. 59, 118
Smareglia, Antonio (1854–1929) – S. 55
Solowjow, Nikolai Feopemptowitsch (1846–1916) – S. 137
Spohr, Louis (1784–1859) – S. 69
Standfuß, Johann Georg (k.A.–um 1759) – S. 168
Steffens, Walter (*1934) – S. 21, 30, 41, 60, 65, 122, 145
Stephan, Valérie (*1965) – S. 128
Storace, Stephen (1762–1796) – S. 69
Stradivari, Antonio (1644 o. 1648–1737) – S. 78, 79
Strauss, Richard (1864–1949) – S. 19, 26, 28, 37, 38, 41, 44, 93, 108, 115, 137, 149, 156, 162, 180
Strawinski, Igor Fjodorowitsch (1882–1971) – S. 71
Suda, Stanislav (1865–1931) – S. 137
Suder, Joseph (1892–1980) – S. 174
von Suppé, Franz (1819–1895) – S. 60, 88, 93, 153, 169
Sutermeister, Heinrich (1910–1995) – S. 23, 42, 158
Szokolay, Sándor (1931–2013) – S. 35

T

Tal, Josef (1910–2008) – S. 174
Tarchi, Angelo (um 1760–1814) – S. 42
Testi, Flavio (1923–2014) – S. 141
Thomas, Ambroise (1811–1896) – S. 42, 103, 118, 180
Tippett, Michael (1905–1998) – S. 128
Toscanini, Arturo (1867–1957) – S. 58
Traetta, Tommaso (1727–1779) – S. 35
Trial, Jean-Claude (1732–1771) – S. 92
Trneček, Hanuš (1858–1914) – S. 79
Tschaikowski, Peter Iljitsch (1840–1893) – S. 55, 135
Tubin, Eduard (1905–1982) – S. 21
Tunick, Spencer (*1967) – S. 75
Turecek, Emilie (1848–1889) – S. 108
Tutino, Marco (*1954) – S. 95, 98

U

Ullmann, Viktor (1898–1944) – S. 88
Umlauf, Ignaz (1746–1796) – S. 169
Utzon, Jørn (1918–2008) – S. 46

V

Vacek, Miloš (1928–2012) – S. 174
Valtinoni, Pierangelo (*1959) – S. 95, 98
van der Velde, Carl Franz (1779–1824) – S. 190
Verdi, Giuseppe (1813–1901) – S. 43, 44, 56, 76, 89, 116, 151, 177, 189
Vogel, Jaroslav (1894–1970) – S. 103, 186

W

Wagner, Richard (1813–1883) – S. 3, 11, 13–16, 21, 27, 42, 49, 66, 69, 91, 110, 115, 118, 122, 123, 129, 132, 133, 134, 144, 154, 163, 175, 187, 191

Wagner, Siegfried (1869–1930) – S. 122

von Weber, Carl Maria (1786–1826) – S. 119, 155

Wehrli, Werner (1892–1944) – S. 16

Weigl, Joseph (1766–1846) – S. 107

Weis, Karel (1862–1944) – S. 35, 137

Weismann, Julius (1879–1950) – S. 42, 175

Weißheimer, Wendelin (1838–1910) – S. 69, 90, 91, 132

Welch, Corby (*1973) – S. 47

Wesendonck, Otto (1815–1896) – S. 139

Wills, Simon (*1957) – S. 21

von Winter, Peter (1754–1825) – S. 175

Wolf, Hugo (1860–1903) – S. 35

Wolf-Ferrari, Ermanno (1876–1948) – S. 21, 137

Wranitzky, Paul (1756–1808) – S. 103, 141

Z

Zander, Johan David (1753–1796) – S. 118

Zannetti, Francesco (1737–1788) – S. 60

von Zemlinsky, Alexander (1871–1942) – S. 35, 172, 175

Zender, Hans (*1936) – S. 42

Zenger, Max (1837–1911) – S. 137

Zimmermann, Udo (*1943) – S. 35, 169, 175

Zola, Émile (1840–1902) – S. 47

Zöllner, Carl Friedrich (1800–1860) – S. 31

Zöllner, Heinrich (1854–1941) – S. 132